Gabriele Hefele
...oder man zieht aufs Land

Zur Autorin

„Ich liebe ihre Ironie!" (Marion Möller, Verlegerin)

Dr. Gabriele Hefele, geb. Wilpert schrieb mit 17 Jahren ein Fernsehspiel für die ARD, arbeitete neben dem Studium beim Bayerischen Fernsehen, war unter anderem Chefredakteurin einer Jugendzeitschrift und Pressechefin der Langenscheidt Verlagsgruppe in München. Sie schrieb und schreibt Glossen für diverse Medien, verdankte diesem Talent eine Einladung zum Klagenfurter Publizistikpreis. Sie lebt seit 2000 in Andalusien, war Reporterin bei Radio Onda Cero Internacional in Marbella, langjährige Kolumnistin der „SUR-Deutsche Ausgabe". Sie veröffentlicht Artikel auch online und gestaltet seit einigen Jahren erfolgreich ihre eigene Webseite www.onlinemagazinspanien.info

Bisher erschienen folgende Bücher von ihr:

Motorradfahren mit Spaß und Verstand
Kann Erfolg denn Sünde sein - Erfahrungen einer Karrierefrau
Mein andalusischer Gärtner
Spanien für Fortgeschrittene (Hörbuch)
Wie der Herr so's G'scherr – Die Streiche meiner Tiere
Was macht die Kuh im Swimmingpool?
Saunageflüster - worüber Frauen tuscheln, lachen, lästern
Raro, das europäische Wunderpferd
Kuriose Tage – Das Buch de originellen Gedenktage des Jahres

außerdem im internationalen Autorenteam von „ENCANTO",
über die Feria in Jerez (in Englisch)

Mehr auf ihrer Autorenseite: https://historiette.jimdo.com

Gabriele Hefele

...oder man zieht aufs Land

www. historiette.jimdo.com
email: gh@bioranch.com

Herstellung und Verlag: BoD- Books on Demand, Norderstedt
Satz: Georgia
Titelgestaltung: Gabriele Hefele mit Foto von Reinhard Hefele,
Fotos im Buch: alle Reinhard und Gabriele Hefele, außer: Udo Lenze, S.63, Naturagart, S. 98, Johannes Philipp, S.60, Reinhild Steinschulte, S.19

ISBN: 978-3-739242217

Dieses Buch widme ich besonders unseren Freunden, die in verschieden Phasen unseres Lebens ein Landleben mit viel Spaß und gemeinsamen Unternehmungen mit uns teilten wie Maria und Werner Proske in Oberbayern, Vroni und Josef Vogl in der Oberpfalz, Edda und Hartwig Müller in Ostfriesland, Rita und Harry Wasserfuhr im Bergischen Land, Maria Assuntina sowie Iano und Franca im Hinterland der ligurischen Riviera und Pat Brooke, Doris de Monchy und Nancy Mohn in Andalusien.

Und last but not least meinem Bruder Wolfgang, den es ebenfalls immer wieder auf ein Dorf zurückzieht.

Inhaltsverzeichnis

Stadtmensch oder Landei?

Es gibt Zeiten für die Stadt und es gibt Zeiten fürs Land. Während des Studiums mitten im Zentrum einer größeren Stadt zu wohnen, zu Fuß zur Uni und zu den Kleinkunstbühnen zu gelangen - etwas Schöneres gibt es fast gar nicht in jungen Jahren.

Dann wird man sesshaft, geht eine enge Partnerschaft ein, ein Haus soll gebaut werden, Kinder sind geplant. Spätestens dann werden viele zu Stadtflüchtlingen, auch weil Wohnen in der Stadt immer teurer wird. Und Kinder und Hunde sollen ja Auslauf haben.

Seit etlichen Jahren wohnt der Großteil der Menschheit in Städten und nicht mehr wie vorher auf dem Land. In immer größeren urbanen Anhäufungen mit zweistelligen Beträgen von Millionen Einwohnern, in übereinandergestapelten Behausungen auf engem Raum mit viel Lärm, Gestank, Stau und daraus resultierenden Aggressionen. Auch die Slums nehmen damit zu und die Obdachlosen. Klar da gibt es auch die

Penthäusler, die üppigen Shoppingzentren und ein großes Angebot an Nahverkehrsmitteln. Vor allem ziehen die Menschen der Arbeitsplätze wegen in die Städte, für die sie dann einen oft stundenlangen Weg dahin mit allen möglichen Verkehrsmitteln brauchen.

Es gab und gibt noch einen Trend der sogenannten Aussteiger und Ökologen mit der Suche nach einem befriedigenderen Leben möglichst mit der Arbeit im eigenen Haus. Mit dem gesunden Anbau der eigenen Lebensmittel, mit einem engeren Kontakt zur Natur und zum Nachbarn, den man nicht erst nach drei Monaten durch einen Pestgeruch als Leiche entdeckt.

Meinen Mann und mich zieht es immer wieder in Phasen aufs Land zurück und wir entdecken, dass weniger an Luxus auch Mehr an Lebensqualität bedeuten kann. Allerdings erfordert der Weg zum Status eines Dörflers nicht nur eine Ortsveränderung. Es kommt, wie ich inzwischen nach Proben des Dorflebens in der Mitte, im Norden und Süden Europas weiß, vor allem auf die innere Einstellung an. Man sollte wissen, dass man Intimsphäre verliert, aber viel Nachbarschaftshilfe gewinnt. Nichts bleibt geheim, aber die Anteilnahme ist wahrhaft echt.

Landeier werden sich in meinen Geschichten zum großen Teil wiedererkennen, Großstadtpflanzen werden sich zumindest amüsieren - das wünsche ich Ihnen!

p.s. Und dann bleibt mir noch, den Buchtitel zu erklären, der ein Zitat zum Vorbild hat aus dem Buch „*Destruktive Charaktere*" - *Hipster und andere Krisenphänomene*", herausgegeben von Chris W. Wilpert und Robert Zwarg.

Gabriele Hefele

Ob in den Bergen im Süden oder an der See im Norden:
Dorfleben hat seine Nach-, aber mehr Vorteile!

Idylle oder Albtraum?
Die ureigenen Reize des Dorflebens

Natürlich kann man nachts auf dem Land vergessen, das Auto abzusperren oder den Schlüsselbund draußen an der Haustür hängen lassen. Aber man muss es auch mögen, dass alle 200 Dorfseelen mitleiden, wenn man wegen eines Nebenhöhlendefekts zum Landarzt in die Sprechstunde muss. Oder dass man nach dem frühmorgendlichen Hochziehen unserer Schlafzimmer-Rollläden eine Schamfrist von genau sieben Minuten verstreichen läßt, um bei uns zu klingeln und das vom Postboten für uns abgegebene Paket zu überreichen. Oder dass am Morgen nach einem Essen mit Freunden bei uns der Satz fällt: "Ihre Gäste haben aber lange durchgehalten!" Man muss dann immer viel Zeit mitbringen, um dann auf die Fragen zu antworten, wer denn zu Besuch war (mit allen Titeln) und wer welches Auto fuhr.

Doch Autotüren schlagende Gäste um drei Uhr morgens machen wir wett mit einer bereitwilligen Befriedigung der dörflichen Neugier und durch einen nicht unerheblichen Unterhaltungswert unsererseits: Sei es durch den Transport einer Doppelbadewanne durch enge Türen, vom ganzen Dorf im Spalier mit fachmännischem Rat begleitet oder durch meinen erst kürzlich erfolgten Sturz vom Pferd beim Galopp über die vor dem Dorf abgemähten Wiesen.

Spätestens bei solch letzterem Vorkommnis lernt man die dörfliche Nachbarschaftshilfe schätzen: Während mein Mann die panischen Pferde einfing, brachte mich der Nachbar von gegenüber zum Arzt. Wir revanchierten uns dafür, indem wir neulich tatkräftig mit anzogen, um eine planschende Milchkuh aus ihrem Swimmingpool (ja, sowas hat die moderne Bauernfamilie heute!) zu hieven: Milva hatte sich offenbar im Stall geirrt und war in Panik geraten. Das alles um halb sechs Uhr früh.

Nachbarschaftshilfe in allen Lagen

Keiner unserer Besucher braucht eine komplizierte Wegbeschreibung zu unserem Haus, denn schon am Dorfeingang kann jeder X-Beliebige über unser Wohnhaus Auskunft geben und ob wir überhaupt zuhause sind! Ich kann auch bei unsteter Wetterlage beruhigt meine Wäsche zum Trocknen draußen aufhängen und in die Stadt fahren: Sollte es inzwischen einen Regenschauer gegeben haben, so finde ich bei meiner Rückkehr die Bett- und Handtücher im Wäschekorb durch die Nachbarin sorgfältigst gefaltet vor meiner Haustür vor. Oder sollten Grünberockte aus der Kreisstadt mit solch unschönen Schwarz-weiß-Porträts von mir wegen Geschwindigkeitsübertretungen auftauchen und bei den Nachbarn um Identifikation bitten, so erkennt mich natürlich keiner auf dem Bild, darauf kann ich mich verlassen.

Habe ich Lust auf einen Kaffee, so brauche ich meinen Kopf nur zufällig so gegen vier Uhr vom PC hoch- und zur Terrasse herauszustrecken, schon schreit die Nachbarin, ob ich denn Lust auf eine Tasse mit ihr hätte. Habe ich immer. Ich kann die Einladung nebenbei zu von mir gesteuerten Aufklärungsmaßnahmen nutzen, zum Beispiel dass man mit besagter Doppelbadewanne nur eineinhalbmal so viel Wasser braucht wie bei zwei Bädern hintereinander.

Das Vorurteil von der Ruhe auf dem Land

Noch habe ich es nicht übers Herz gebracht, der Nachbarin linkerseits zu gestehen, dass mir schon beim Anblick von Reibekuchen schlecht wird, die sie mir immer 14tägig donnerstags zukommen läßt. Und manchmal regt es mich schon auf, dass ich nicht unbeachtet fluchend selbst versuchen kann, den Gartenschlauch an den Wasserhahn zu stöpseln, ohne dass gleich der Nachbar von gegenüber und der von links über die Dorfstraße geschossen kommen, um mir den richtigen Dreh zu zeigen.

Wissen Sie, wie laut Natur sein kann? Ich rede jetzt nicht von den mindestens 200 Fröschen, die wir mit unserem Natur-Schwimmteich anlockten. Mein Mann nennt es noch lachend „Konzert", was die im Frühjahr auf Partnersuche veranstalten, aber er hört auf einem Ohr schlecht! Auf dem Land hat natürlich jeder mindestens zwei bis 14 Hunde. Wenn da einer zum Bellen anfängt und die anderen alle ausnahmslos antworten – na, da ist was geboten! Dann gibt es da noch den Dorf-Stammkuckuck mit seinen nur zwei Tönen. Noch schlimmer der Uhu, der irgendwo in den Bäumen sitzt und ich dann senkrecht im Bett! Dieser eine durchdringende, dumpfe Ton dieses Vogels ist Folter! Neulich hatte ich genug, stob nackt in die Finsternis hinaus und warf einen Stein in seine Richtung - naturgeschütztes Exemplar hin oder her. Jetzt uhut er beim Nachbarn wenigstens etwas weiter entfernt. Hoffentlich hat mich keiner gesehen.

Schützenverein oder freiwillige Feuerwehr?

Wie sehr wir aber dem dörflichen Leben verfallen sind, wurde mir klar, als eines Sonntagsmorgens so gegen 9 Uhr, als wir uns gerade noch einmal wohlig zusammenkuschelten, wir durch stürmisches Klingeln unterbrochen wurden. Fluchend schlüpfte ich in den Bademantel und öffnete die Tür. Der Bauer von nebenan war ganz zerknirscht: "Ich dachte mir schon, dass das nicht so recht passt, weil die Vorhänge noch zu waren!" Ich bemühte mich, ihn seine Verlegenheit überwinden zu helfen, da tauchte endlich Göttergatte im Bademantel auf und rettete die Situation, indem er einen Obstschnaps anbot. Als guter Gastgeber setzte er sich dazu und kippte auch einen mit. Das Ende vom Lied: Nach etlichen Pflichtschnäpsen für Gast und Gastgeber (auf nüchterne Magen!) unterschrieb er die Beitrittserklärung zur Ortsfeuerwehr. Das hat den Vorteil, so erklärte uns der Bauer, dass man bei Feuer im Haus die in der Dorfkneipe versammelten Feuerwehrkollegen anrufen kann, damit sie nicht zu früh zum Löschen kommen und damit einen nicht versicherten Wasserschaden anrichteten...

Dorfidylle

Bauern, Bauarbeiter, Beamte
und sonstige Fachleute

Warum zieht man aufs Land? Klar, weil man endlich ein Haus bauen, einen Baum pflanzen, vielleicht einen Sohn zeugen will, nachdem man schon ein Buch geschrieben hat - frei nach dem chinesischen Sprichwort. Und das geht alles so schlecht in der Zwei-Zimmerwohnung im Dachgeschoss in der Stadt mit 1/2-m²-Balkon - also das mit dem Baum pflanzen zumindest. So kam es wie es kommen musste: Mein Mann und ich erstanden ein sündhaft teures Grundstück im Süden Münchens von einem Bauern, dessen Kuhstall abgebrannt und er unterversichert war.

Die erste Konfrontation war die mit der Baubehörde. Als Göttergatte und ich mit einem in schlaflosen Nächten entstandenen und unserer Meinung nach ausgereiften Bauplan dort auftauchten, erklärte der ansässige Bautechniker unseren Grundriss wörtlich für „hirnrissig"! Er vermisste die Sprossenfenster, den größeren Dachüberstand und die richtige Holzfarbe. Wir sind wirklich auch Anhänger von landschaftsgerechten

Bauauflagen, aber wir wehrten uns zunächst aus einem banalen Grund: Sie alle würden unsere Kalkulation um einige Tausender erhöhen. Das Sträuben war trotz unseres Auftritts in Landestracht vergebens. Im Gegen-teil, es kam noch schlimmer: Zugleich mit der Baugenehmigung traf die dreiseitige „Grünordnung" ein.

Was tun gegen rotes Laub?

Darin bat uns das Landratsamt höflich, „nach Beendigung der Bauarbeiten durch die Anpflanzung bodenständiger Bäume und Sträucher im Gartenbereich dafür zu sorgen, dass zumindest ein kleiner Ausgleich für den Verlust an Natur geschaffen wird." Unerwünscht waren „fremdländisch wirkende Gehölze wie Pappeln, Zypressen und alles, was nicht grünblättrig" war .

Den Blutahorn von Muttern pflanzten wir vorsichtshalber bei Nacht ein. Doch bis heute bin ich jeden September versucht, eine Anfrage an die Grünordner zu richten: *Wie wehre ich mich nur gegen den Herbst, der die Blätter immer so unanständig gelb, rot und rostbraun färbt!?* Auch finde ich, dass die von Kolumbus eingeführte fremdländische Kartoffel auf die schwarze Liste der Beamten gehört.

Erbitterter Widerstand regte sich in unseren Städterherzen jedoch nur in der Anfangsphase. Kaum war das Haus fertig – wir hatten uns als beide Berufstätige

für ein schnell zu errichtendes Fertighaus entschieden
– waren wir mächtig stolz auf unsere Sprossenfenster.

Unser Tag der offenen Tür

Selbstverständlich gehörte es zum guten Ton, dass
wir nicht nur das Dorf zur Einweihungsfete einluden,
sondern damit auch zur Besichtigung. Die g´standenen
Bauern und Handwerker von nebenan und gegenüber
fanden jedoch unerwarteterweise immer noch Mängel
am Haus trotz landschaftsgerechtem Aussehen. Die
Sauna im Keller ging gerade noch so durch, sie gilt
auch auf dem Land nicht mehr nur als Hort von Sexor-
gien. Das Bad aber war ein einziger Fauxpas. In dieser
Größe und an dieser Stelle hatten anständige Leute ein
Kinderzimmer! Es war vor allem das Bidet, das auch
nach meinen detaillierten Erklärungen Missfallen er-
regte. Übersetzt hieß der Gesichtsausdruck der Nachbarn: „Was braucha mia da in Bayern so an Schmarrn!"

Am nächsten Tag sah man mich auf der Dorfstraße
scheel von der Seite an. Am empörtesten schienen jene,
die bei der Hausbesichtigung gar nicht dabei waren.
Das Nachrichtensystem im Dorf funktioniert nämlich
reibungslos. Es dauerte allerdings eine Weile, bis ich
auch die Vorteile dieser Einrichtung einsah. Besonders
begrüßte ich es, als ich eine Putzfrau suchte. Ich gab le-
diglich der Briefträgerin, die überall herum kommt, Be-

scheid und binnen einer Woche hatte ich meine Hausperle. Sie ersetzt ein Abonnement der örtlichen Lokalzeitung. Und ist unentbehrlich für die von mir gesteuerten Aufklärungsmaßnahmen: etwa, wenn ich in breiterem Rahmen kundtun möchte, dass ein Nachbar schon das dritte Mal Schnee über unseren Zaun gefräst hat und dass wir uns das demnächst nicht länger gefallen lassen werden.

Wobei wir bei dem überlebenswichtigen Kapitel Nachbarn wären. Es gibt natürlich solche und solche. Wir haben ost- und westwärts leider „solche". Für die bleiben wir immer Fremdlinge, da hilft auch ein ausgedehnter Plausch am Zaun nichts. Aber nördlicher- und südlicherseits haben wir solche, die meinem Mann mit Engelsgeduld Nachhilfe im Sensendengeln und Wiesengrasmähen geben.

Die verruchte Doppelbadewanne

Es war nicht nur das Bidet in unserem großen, carneolfarbenen Badezimmer, das für Aufsehen sorgte im Dorf. Die Badesitten waren immer schon ein Gradmesser für den Stand der Kultur im Abend- wie im Morgenland. Daran gemessen haben wir es heute bei uns regelrecht mit einem Kulturverfall zu tun. Bei den Einheitsbädern in Neubauwohnungen und Einfamilienhäusern bekleckern sich Architekten nicht gerade mit Ruhm, wenn sie gerade mal sechs Quadratmeter für Einheitsbadewanne und Dusche an der Wand vorsehen. Vom Frevel der Komfort-Hotels mit dem Angebot mickriger Sitzbadewannen oder gar nur der einzigen Alternative Dusche ganz zu schweigen.

Denn der mit weniger Wasserverbrauch hochgelobte praktische Körperreinigungsvorgang des Duschens läßt sich schon gar nicht mit dem genießerischen sinnlichen Baden vergleichen. Das meinte schon Luciano de Crescenzo in seinem Bestseller "Also sprach Bellavista". Darin vergleicht er den rational geprägten

Norditaliener, der das effiziente Duschen vorzieht, mit dem emotional geprägten Süditaliener, der sich mit Zeitung und Zigarre genüsslich zu langer Sitzung in die Badewanne zurückzieht.

Ich und mein Partner halten es da ganz mit den Neapolitanern und bevorzugen die Badewanne, aber natürlich die Wanne, die ausreichend Platz für zwei Personen bietet! Und damit meine ich nicht das 75 x 1,70 m-Standardmaß. Denn wie bitte soll man darin zu zweit baden? Einer hat immer die Armatur in der Wirbelsäule, der andere sitzt auf dem Ablaufknubbel und die Champagnergläser müssen auf den spitz aus dem Wasser ragenden Knien balanciert werden! Ganz zu schweigen davon, dass eine Seite oft in Hüfthöhe verengt konstruiert ist, so dass man bei heftigen Bewegungen plötzlich festsitzt! Aber ist es nicht auffällig, dass zwar Hollywoodsternchen und sogar -Stars sich als Gipfel der Verruchtheit unter der Dusche paaren, sich in einer überschäumenden Badewanne aber allenfalls allein räkeln dürfen oder darin unerotisch erwürgt oder ertränkt werden? Einzig Loriot kam auf die Idee, mal zwei Männeken darin unterzubringen, die sich dann prompt um die Bade-Ente stritten.

Welch Abstieg von der fröhlichen körperfreudigen Badehauskultur des Mittelalters bis zur heutigen Badezimmer-Barbarei!

Das moderne Kommunikationszentrum

Noch in jeder gemieteten Wohnung oder erworbenen Immobilie galten daher meine ersten umfassenden Umbaumaßnahmen dem Badezimmer. Meist mussten Mauerdurchbrüche her, um etwa zwei Kinderzimmer zum künftigen Bad umzugestalten, wie ich es für richtig hielt. Und Mittelpunkt eines jeden Bades und auffällige Augenweide (zusätzlichen Wassertankeinbau bevorzugt mit Solaranlage nicht zu vergessen!) ist bei mir die Doppelbadewanne, d a s Kommunikations-Zentrum für eine moderne Partnerschaft schlechthin - in jeder Beziehung. Nichts ist schöner, als nach getaner Arbeit abends zusammen entspannt im warmen Wasser zu liegen und all das zu treiben, was man sich dazu vorstellt - also vom Lesen bis zum gemütlichen Klönen und dem gegenseitigen Tagesrückblick. Und natürlich gehört die großzügige Ablage für die Champagnergläser in Reichweite.

Inzwischen besitze ich bereits die vierte Variation von Doppelbadewanne nach Farbwunschvorgabe und Sonderanfertigung. Sie nimmt in unserem Altbau die Hälfte des Badezimmers von Wand zu Wand ein und führte zu Straßenaufläufen der Nachbarn bei Lieferung und Transport über die Loggia und durch schmale (auszubauende) Türen. Bei all unseren Homewarming-Parties und nachbarlichen Kaffee-Einladungen mit

Wohnungsbesichtigung war und ist die Zweierwanne die Sensation. Ihre Betrachtung führt regelmäßig zu scheelen Seitenblicken der Gäste, - nur: Warum regt sich keiner beim Doppelbett im Schlafzimmer auf?!

Übernachtungseinladungen in unserem Gästezimmer sind ebenfalls sehr begehrt *"wegen der Doppelbadewanne, das haben wir zuhause nicht - dürfen wir die mal ausprobieren?"*

Nur einen Haken weist dieses unser bisher viertes Luxus-Badewannenmodell auf. Nach unseren langjährigen Erfahrungen in Sachen Wasserspielen glaubte mein Partner als Ingenieur jetzt die Whirlpool-, Luft- und Massagedüsen perfekt nach seinen individuellen Plänen einbauen lassen zu müssen. Es kam, wie es kommen musste und wie er selbst zerknirscht heute zugibt: Die von ihm geplanten Düsen whirlen jetzt eindeutig an den falschen Stellen!

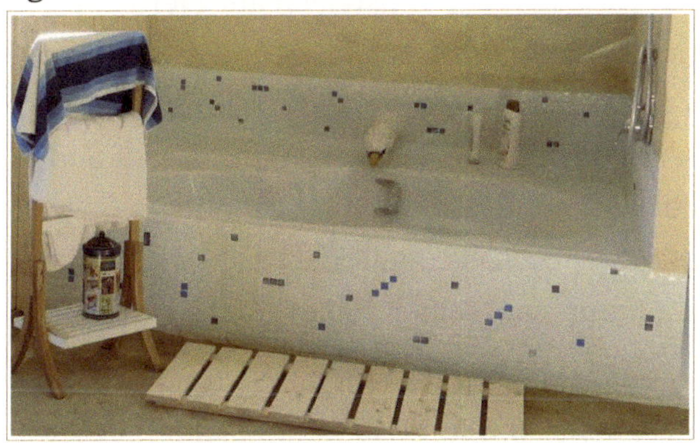

Doppelbadewanne ist gut für die Partnerschaft

Landleben ohne Tiere geht gar nicht!

Wir kamen als Berufstätige relativ spät zu Tieren - und dann gleich als erstes zu besonders großen: den Pferden. Ich verkürze das jetzt hier, denn darüber gibt es eigenes ausführliches Buch von mir*.

Aufgrund einer beruflichen Veränderung zogen wir von Süd- nach Norddeutschland um. Auf unseren Streifzügen fielen mir links und rechts die vielen malerisch grasenden Pferde auf, und ich sagte zu meinem Mann: "Lass uns doch umsteigen auf Pferde und reiten lernen, das passt besser in diese Landschaft. Eigentlich muss es doch unserem Motorradfahren ziemlich ähnlich sein: Man sitzt in gleicher Weise darauf und in der frischen Luft sind wir genauso! Ähnliches äußerte ich in unserem neuen Bekanntenkreis bis eines Tages uns ein ein Freund auf seinen Reiterhof mitnahm.

Raro, das europäische Wunderpferd. Erlebnisse eines cleveren Vierbeiners. 136 Seiten, 7,90 Euro

Um es abzukürzen: Da man nach fachlicher Meinung am besten auf eigenen Pferden lernt, kamen wir dann zu Amigo und Raro, für die wir unseren Lebensstil komplett umkrempelten und aufs Land zogen – damit sie genügend Weiden und Auslauf hatten und wir Ausreitmöglichkeiten. Diese ländlichen Paradiese, die es werden sollten, fanden wir zunächst an der ostfriesischen Nordseeküste, mit einem Umweg übers Bergische Land und zuletzt auf einer Finca in Andalusien.

Dort siedelten sich schon nach einem knappen Vierteljahr wilde Katzen an, die auch bei uns Junge warfen, alles sehr sinnvoll, denn bei Pferden und deren Futterlager braucht es Katzen, die die „großen Mäuse" vertreiben! Eine Finca braucht natürlich auch mindestens einen Hund, das wurde dann der Boxer-Labrador-Mischling Samba, die „Königin der Finca", wie sie schnell genannt wurde (siehe auch folgendes Kapitel).

Von Alpha- und anderen Tieren

Nach dem Tod von Amigo, unserem lieben Westfalenpferd, kam ein neuer Pferdekamerad für Raro, Vaquero, zu uns. Zuerst war dieser sehr schüchtern und Raro plötzlich der neue Chef im Stall. Aber von wegen schüchtern! Bei unserem guten Futter und der Freiheit auf den großen Weiden dauerte es nicht lange und der junge Spunt probierte aus, seine Rangstellung in der Klein-Herde zu verbessern. Allein im Tierbereich kann man so deutlich die allgemeingültige Gruppendynamik der sogenannten Alpha-, Beta-, Gamma- und Omega-Typen studieren.

Es ist noch nicht lange her, da geisterte Italiens Regierungschef Berlusconi als „Alpha-Rüde" durch die Medien. Ein Alphatyp ist der Chef, ein Charakter, der im Zentrum der Aufmerksamkeit stehen will, er ist und fühlt sich verantwortlich für die Gruppe, er gibt die Ziele vor, die Regeln und die Orientierung. Bei den Pferden ist das der Leithengst, allerdings gibt es noch eine Leitstute, die eigentlich vorgibt, wohin gegangen und gefressen wird, während der Hengst für die Sicherheit der Herde und die Fortpflanzung sorgt. Immer wieder aber versucht ein jüngeres Tier, dem alten Chef die Führungsrolle streitig zu machen, das ist dann der Omegatyp, der lieb aber auch intrigant sein und sich zum Gegen-Alpha entwickeln kann.

Das haben wir jetzt zwischen Raro und Vaquero: Raro war nie ein dominantes Pferd, deshalb entwickelte er seinen Verstand, ist listiger und schlauer geworden, um sich nicht unterkriegen zu lassen. Doch jetzt will er mit umgerechnet 78 Jahren, um mit unserem Menschenalter zu vergleichen, seine Ruhe haben und nicht mehr kämpfen müssen, also der Betatyp, die „Graue Eminenz", der Wissensträger mit Erfahrung.

Raro weiß, wo die besten Weidegründe sind und wie man die Zäune umgeht. Vaquero hingegen ärgert es, dass Raro nur noch friedliches Fressen im Sinn hat und nicht im Galopp mit ihm über die Wiese jagen will und so beißt er den Raro in den Hintern und jagt ihn vor sich her. Und der läßt sich das gefallen! Und das, obwohl doch angeblich die Tiere sich nach längerem Zusammenleben mit uns zu unseren Spiegelbildern entwickeln!

Also da hat Raro nix von mir. Da greife ich manchmal ein, renne aus dem Haus und schimpfe den Vaquero, gehe zu Raro und hetze ihn auf: „Wieso hebst Du nicht mal drohend Dein Hinterbein? Lass´ Dir doch nicht alles gefallen!", kann er sich dann anhören.

Da kann ich mich schon mehr mit Hündin Samba identifizieren (oder umgekehrt?), die ist so was von Alpha, die ist die „Königin der Finca", wie spöttisch unsere Angestellten sagen. Deshalb kann ich auch nie einen zweiten Hund zu uns nehmen, die beißt alle weg!

Beobachten Sie einmal: Man nehme ein jedes Dschungelcamp, eine beliebige Diskussion im Fernsehen, irgendein Team im Berufsleben, die Sportmannschaft, die Clique, den Skatclub: Immer laufen gesetzmäßig die Gruppenprozesse ab, die die Sozialpsychologie längst erforschte. Wird man Mitglied in einer Gruppe, so ist es hilfreich und verschaffte einem einen wertvollen Informationsvorsprung, die Gruppenpsychologie zu kennen, zu wissen oder auch zu hinterfragen, welchen Platz man in der Gruppe einnimmt.

Samba, ein echtes Alpha-Tier!

Feng Shui für den Hausgebrauch

Normalerweise bin ich als vorwiegend Kopfarbeiterin der totale Gartenlaie. Es ist noch nicht lange her, da wußte ich nicht, dass Salatgurken erst grün und dann gelb werden und nicht umgekehrt, nur um ein fatales Beispiel zu nennen, aber bei einem Thema können auch befreundete große Gartenfreunde sogar etwas Neues von mir lernen: bei der Lehre des Feng Shui. Das natürlich auch nur, weil ich einen Schweizer Guru und eine englische Expertin auf diesem Gebiet beruflich bedingt interviewt hatte, und daraufhin, einmal „Blut geleckt", die Bücher der legendären Lilian Too verschlang.

Und so gab ich meine Erkenntnisse bei mehreren Cappuccinositzungen zum besten: Dass unser Häuschen, das kleine, alte umgebaute Landhäuschen von den Altvorderen vor 200 Jahren perfekt den Lehren dieser chinesischen Philosophie entsprechend in der Mitte des Hügels in sogenannter „Lehnstuhllinie" positioniert war. Deshalb behielten wir diesen Platz bei und stellten unseren Neubau nicht, wie die meisten

Feng-Shui-Laien unter den Bewohnern, wegen des besseren Panoramablickes auf die zugige Hügelkuppe! Heute kann ich es ja beichten: Ich hatte doch gleich so ein undefiniertes, positives Energiegefühl am alten Standort, weshalb mich überschwängliche Esoteriker gleich als „spirituell" in ihre Arme schlossen. Na ja, ich setze es eine Stufe niedriger an und nenne es weibliche Intuition oder nur gesunden Menschenverstand, da ich logisch den Windeinfluss hochrechnete, als ich seinerzeit beim Erwerb die vielen scheußlichen Windmühlenspargel im Nachbartal sah ...

Eine der wichtigsten Erkenntnisse von Feng Shui: **Wasser muss auf einen zufließen, damit man zu Reichtum und Wohlstand kommt**, ganz egal, ob es sich um einen Fluss, eine Meeresbucht, auf die man blickt, oder einen Springbrunnen handelt, den man links vom Eingang, (von innen nach außen gesehen), aufstellen muss.

Jetzt ist mir auch einiges klar: Wir schauen zwar auf eine Meeresbucht, wo bei Ostwind das Wasser auf uns zufließt, aber bei Westwind wieder weg von uns, und das deckt sich mit meinem Blick in meinen Geldbeutel: wie gewonnen, so zerronnen!

Einer unserer Arbeiter hörte nur immer aufmerksam zu – ganz ungewohnt übrigens für ihn, da er es ja sonst genießt, mich gönnerhaft mit seiner einheimischen Fachkompetenz zu belehren, zum Beispiel, dass

die Wurzel, die ich Hündin Samba zum Spielen gegeben hatte, kein Unkraut, sondern seltener schwarzer
Bambus und als Geschenk für meinen Vorgarten gedacht war und was dergleichen gärtnerische Barbaritä-
ten meinerseits sonst noch existierten. Ha, endlich
konnte ich mich mit Wissen revanchieren! Ich fand für
ihn sogar einen leicht zu lesenden Artikel in einer
Frauenzeitschrift mit den genauen Feng-Shui-Regeln.
Und so überraschte es mich nicht wirklich, als wir einer
Einladung zu ihm nach Hause folgten und links neben
seinem Wohnungseingang – von innen nach außen
betrachtet - ein neues Aquarium entdeckten....

Wasserfall vorm Haus

Her mit Wasser und Teichen!

Irgendwie hatten wir es immer mit Teichen und Springbrunnen. Auch noch lange, bevor wir etwas von Feng Shui hörten. Mit dieser Art Wasserkunst gestalteten wir alle unsere Immobilien, ja, wirklich alle, nicht nur die Gärten mit Häusern, sondern auch die Dachterrassenwohnungen. Das geht bei letzteren ganz gut mit den vorgeformten Modellen aus glasfaserverstärktem Polyesterharz. Drumherum stellt man dann große Töpfe mit Blumen, so dass man die schwarzen Plastikschalenränder nicht mehr sieht. Mit einem kleinen Fertigspringbrunnen darauf mit Pumpe auf Basis kleiner Solarpaneele, die das Wasser umpumpt, hat man eine kleine Oase auch mitten in der Stadt, die mit leisem Plätschern für Entspannung sorgt!

Die Teich-Ralley von Hase und Katze

Einen schon größeren Zier-Teich legten wir an unserem ersten großen Haus in Oberwarngau an mit großen Kieseln drumherum und anliegender Holzterrasse.

Eines Abends nahmen wir an unserem Gartentisch am Teich das Essen ein und bemerkten plötzlich, wie sich das hohe Gras unserer wilden Wiese drumherum am anderen Ende des Grundstücks in Zickzacklinien auf uns zu bewegte, dann tat es einen Plumps - und ein Meister Langohr saß mitten im Teich mit den erstauntesten Tieraugen, die ich je sah!

Doch denselben Weg hatte im Zickzack hinter ihm her eine große Katze genommen, die nun wütend um den Teich herum kreiste. Mit Wasser hat es ja diese Tierart nicht so. Der Hase aber schwamm erst einmal im Teich herum, bis ich die Katze verjagte und er das Nass ungefährdet verlassen konnte. Gerade dann hat man keinen Fotoapparat zur Hand, so dass die Leser einfach meiner Erzählung glauben müssen!

Ein Teich jedenfalls bringt einem nicht nur auf diesem Wege die Fauna näher, ich lernte auch, dass eigentlich jedes Tier automatisch schwimmen kann. Es entwickelt sich mit der Zeit auch ein vorbildliches Biotop mit Libellen aller Farben die über die Wasseroberfläche schwirren, mit kleinen Fischen, die wir gar nicht einbrachten, die aber wohl durch die Vögel aller Arten eingeschleppt wurden, die sich wiederum über diese Wasserstelle freuen. Eines Frühlingstages kam sogar ein Entenpaar angeflogen, kreiste über dem Teich, landete auf dem Wasser, planschte darin herum - und flog wieder davon. Anscheinend war ihnen dieses Appartement doch leider als zu klein erschienen.

Ein Haus am Fluss

war schon immer der Traum meines Mannes seit
wir in der Nähe der Amper bei Fürstenfeldbruck wohnten und daran entlang spazieren gingen oder radelten
und immer an einem herrlichen Haus, wie ein Adler-
horst über dem Fluss hängend, vorbei kamen. Und eines Tages verwirklichten wir uns diesen Traum an
einem Nordseezufluss mit eigenem Bootssteg. Wie
herrlich, den Fluss mit einem Zweierkajak hinauf und
hinunter zu paddeln, bis man keinen Menschen mehr
sah, sondern nur noch von den schwarzweißen Kühen
am Ufer neugierig beäugt wurde. Da brauchte es dann
keinen künstlich angelegten Teich mehr, da konnten
wir sogar den Tidenhub beobachten, die Angler und als
Highlight den jährlichen Ruderwettbewerb des ansäs-
sigen Clubs direkt an uns vorbei!

Die Pferde allerdings, die aus dem Binnenland kamen, brauchten einige Tage, bis sie sich auf ihrer Weide am sich bewegenden Fluss gewöhnt hatten und dass
keine Gefahr davon ausging. Hier lernten wir noch eine
ganz andere, interessante, aber auf Dauer nicht unbedingt willkommene Tierart kennen. Die Biber, die die
Ufer unterhöhlten und die von der Gemeinde offiziell
alle paar Jahre weggefangen wurden.

Schwimmteich statt Swimmingpool

Das ist jetzt die letzte Teichentwicklung - aber Teich
ist untertrieben! Ich nenne es unseren See, denn er hat
260 Oberflächenquadratmeter und man kann diagonal
eine 26-Meter-Bahn schwimmen. Auf unserer 35.000-
Quadratmeter-Finca mit freilaufenden Tieren wollten
wir auf gar keinen Fall einen konventionellen Beton-
Pool im Nierendesign der 60er Jahre vielleicht auch
noch. Bei diesen muss ständig die Wasserqualität ge-
prüft werden, bedarf es ausgewogener chemischer Rei-
nigungszusätze mindestens wöchentlich, die bei emp-
findlicher Haut Ausschläge hervorrufen können. Nach
10 Jahren wird vielleicht der Boden oder Beckenrand
an der einen oder anderen Stelle undicht, kurz: Eine
Alternative musste her! Und die liegt in einer Bade-
und Wasserlandschaft, der Natur nachempfunden. Die
Vorteile eines Schwimmteiches eines der erprobtesten

Herstellers bei Osnabrück überzeugten uns: Sie betreuten uns Do-it-yourself-Werker nicht nur mit Bau-Materialien, sondern halfen auch bei der Planung und Projektierung, bei auftretenden Problemen per Telefonberatung. Das klappte reibungslos von Deutschland per Email nach Spanien und umgekehrt. Die speziellen Ufer- und Unterwasserpflanzen zur Teichreinigung holte ich dann per Flugzeug selbst vor Ort ab. Bei der Durchleuchtung meines sperrigen Gepäcks staunten die Sicherheitsleute nicht schlecht! Uns überzeugte übrigens auch, dass dieser Anbieter cadmiumfreie Folien anbot.

Die Natur als Lehrmeister

Die Wasserreinigung ohne Chemiezusätze ist der Natur nachempfunden. So wird Wasser aus dem Schwimmbereich in einen Filter- und Pflanzenteich gezogen. Dort sorgen spezielle Unterwasserpflanzen sowie Mikroorganismen für eine natürliche Wasserreinigung. Dabei kommt es auf die richtige Auswahl an. Diese Unterwasserpflanzen sind dafür verantwortlich, dass aus dem Teich kein Algentümpel wird. Über einen Zulauf mit kleiner Pumpe wird dann das so gefilterte Wasser wieder in den Schwimmbereich zurück geleitet. Anstelle des Betons wird der sanft modellierte eigene Badeseegrund erst mit einem wurzelfesten Schutzvlies und dann mit einer dichten und Folie bedeckt.

Die großen Vorteile eines Schwimmteichs können
wir nur bestätigen:

- Wasserreinigung durch einen eigenen Filter
  teich – ohne Chemie
- Kaum Unterhaltskosten
- Ästhetik pur das ganze Jahr über
- Niedrige Betriebskosten und lange Lebensdauer
- Mehr Sicherheit durch flache Ufer: auch für
  mitschwimmende Haustiere.

Unsere Hündin Samba kam als Welpe zu uns, als
der Teich gerade entstand und das Wasser ganz lang-
sam eingelassen wurde. Da ein Viertel Labradorblut in
ihren Adern fließt, führte dieses Schwimmhundeerbe
bei ihr dazu, dass sie keinerlei Wasserscheu entwickelte, sondern munter mit uns schwimmt, ja, wenn es ihr
zu heiß wird im Sommer, auch mehrmals am Tag ihre
Runden allein dreht.

... und die Folgen

Das Ende vom Lied: inzwischen haben wir mit dieser Erfahrung sechs weitere Teiche für Kunden gebaut
und ja man sollte unsre Finca umtaufen: von El Ran-
chito (kleine Ranch) in Finca Cantarana, was heißen
würde: „Es singt der Frosch". Aber was heißt hier e i n
Frosch: mindestens 200 haben unseren Teich als idea-
les Wohnquartier entdeckt. Und was heißt „singt"!!

Mein Mann nennt es noch lachend Frosch-Konzert, ich nenne es ganz schöne Geräuschbelästigung! Sogar Samba, die auf der Terrasse wohnt und schläft, zieht sich manchmal in Verzweiflung die Decke über die Ohren oder bellt wütend die Froschgemeinde an, was die aber nicht im mindesten stört. In ganz schlimmen Fällen kratzt sie an der Haustür und will ausnahmsweise drinnen schlafen. Ökologen aber sind hellauf begeistert, denn:

**Frösche im Teich bedeuten, dass das
Wasser in Ordnung ist!**

Das Jahr der Ameisen

Haben Sie nicht auch das Gefühl, dass es pro Jahr immer besondere Plagen gibt? Einmal hat man ein Jahr der Fliegen, dann sind mal wieder besonders viele Mücken unterwegs. Als wir einzogen nach Renovierung einer Ruine, da ergriffen eine Unmenge von Kellerasseln die Flucht; ein Jahr später fielen mir beim Ernten von Obst immer so kleine Spinnen in den Nacken. Tja, damit muss man leben auf dem Lande, noch dazu, wenn man kein chemisches Gift einsetzen will! Noch ein Jahr später sah ich die ersten Heuschrecken rund um die Rosen, die mitten in der besten Blütenphase plötzlich so kahl da standen! Ich hatte schon mein Pferd Raro, den Pflanzen-Allesfresser, zu Unrecht im Verdacht! Ganz zu schweigen von den Schnecken, die immer ihr Unwesen treiben, mit denen ich mich aber schon resigniert zu einem Nebeneinanderherleben arrangierte.

Zunächst dachte ich, der vergangene Sommer gehörte den Wespen,als sie mich dreimal empfindlich stachen. Nachdem aber Göttergatte mutig die zwei

Nester mechanisch vernichtete, konnten wir wieder unseren Mandelkuchen draußen ungestört verzehren. Was heißt ungestört, wenn da nicht die Straße der Ameisen wäre ! Und was heißt e i n e Straße!

Die Straße der Ameisen

Ich erkläre dieses Jahr zu dem der Ameise! Es gab jeden Sommer Versuche dieser Tierart, die Terrasse zu erobern, aber was heuer passiert, das schlägt alles! Bis ins Bad drangen die plötzlich vor, von der Küche ganz zu schweigen. Klar, in der Küche fallen immer irgendwo Reste herunter – aber im Bad?! Gut, da verschwanden sie auch wieder von alleine, doch bei allen anderen Straßen musste ich anderes ersinnen, nachdem Vernichtung mit Staubsauger nur Krach machte und mir ein schlechtes Gewissen, denn andererseits gelten Ameisen ja auch als nützlich und sind doch beeindruckend intelligent: Sie bilden angeblich ein einziges Volk von Istanbul bis zur Meerenge von Gibraltar, kein Wunder, dass sie da auch bei mir vorbei kommen.

Die ältere Nachbarin riet in dem Fall: Backpulver ausstreuen, da drehen die Ameisen um. Doch dieses Jahr sah mein Haus schon seltsam aus mit den vielen von mir angelegten weißen Pulverstraßen. Und irgendeine, der Kurier, findet immer eine Lücke – und schon arbeiten sie wieder, die fleißigen Ameisen, die uns sowieso alle überleben werden, sagen Szenarios über weltweite Atom- oder Meteoriteneinschläge. Also bin ich wieder kurz vorm Resignieren, denn die Nachbarin, als Vertreterin der abergläubischen Einheimischen weiß nämlich, dass viele Ameisen Geld bedeuten `

Und das in Krisenzeiten: her mit den Ameisen!!

Umgegraben, angesät im Beet - und dann kommen die Ameisen (von den anderen Plagegeistern gar nicht zu reden)!
Als einziges hilft dagegen: neu angesätes Beet immer schön feucht und gewässert halten, Ameisen mögen kein Wasser!

Und sonstige Plagen: Schnecken,
der Schrecken des Gärtners

Sie waren vom Anfang meiner Gemüsezucht an meine Intimfeinde: Schnecken! Schon in meinem ersten Gemüsebeet in Oberwarngau im Tegernseer Tal, bereits dort hatte ich den heimischen langen, schwärzlichen Nacktschnecken den Krieg erklärt – biologisches Gleichgewicht und Verständnis für die Tierwelt hin oder her! Lautlos kriechen sie jede Nacht, besonders bei Regen, ziehen ihre hässlichen Schleimspuren, hinterlassen nur noch Gerippe der neuen eingesetzten Salatpflänzchen.

Von kleinen Gartenfeinden

Sie befleißigen sich einer Unverfrorenheit, die ihresgleichen sucht: kürzlich fand ich eine im Fressnapf von Hündin Samba auf der gefliesten Terrasse ! Damit nicht genug: Zwei von ihnen suhlten sich schon auf dem Fensterbrett, wo ich Zierblumen zur Verschönerung herunterhängen lasse, und waren wohl gerade dabei, sich sexuell zu stimulieren, um als Ergebnis mehrere hundert Eier zu hinterlassen!

Ich bin ganz ratlos, was haben wir nicht schon alles ausprobiert: Als erstes natürlich die berühmten Ökofallen in Form von Gefäßen mit Bier: Irgendwie war am nächsten Tag überall das Bier ratzeputz weg, aber keine Schnecken in den Schüsseln, doch Samba taumelte etwas bei der morgendlichen Katzenjagd.

Mein listiges Pferd Raro hatte ich aber auch im Verdacht, der ja gelernt hat, sich sein eigenes Bier zu brauen, indem er in der Tränke Gerstenkörner liegen lässt und der des öfteren in den Gemüsegarten einbricht.

Fleissige Ungeheuer

Zu meiner umfangreichen Bibliothek gehört ja auch eine ganze Gartenbuchabteilung mit einem Werk „Tipps gegen Schnecken".* Die versteigen sich darin unter anderem zu dem Ratschlag, die Schnecken abzusammeln, natürlich mit Gummihandschuhen, aber das vorzugsweise dreimal des Nachts mit der Taschenlampe in der Hand, um die Erfolgsrate zu erhöhen. Diese Idee verwarf ich sofort, da ich zum Glück über einen gesunden durchgängigen Schlaf verfüge.

Ich war schon so verzweifelt, dass ich schon, ich gestehe es, Gift in Erwägung zog, aber da schrie mein Über-Ich natürlich auf, wir heißen nicht umsonst Bioranch! Naturforscher raten sowieso ab von Gewalttätigkeiten im Garten, die die Atmosphäre vergiften.

Aber komme mir keiner mit der Weisheit der stark duftenden Kräuter und Pflanzen, die den Schnecken den rastlosen Appetit vergällen würden, so da seien: Thymian, Oregano, Pfefferminze. Die neueste Forschung zeigt nämlich: Es handelt sich bei der bei uns tätigen Art um die der braunen Spanischen Wegschnecke, die diese Aromen gewohnt ist und die inzwischen zur Plage in ganz Europa geworden sein soll: Spanien ist ja sonst nicht gerade als Exportland bekannt, aber dieses Ungeheuer wurde sogar schon in Südlappland bei der Arbeit gesehen!

** Das erwähnte Buch mit „55 **todsicheren Tipps**" heißt im Haupttitel „**Nie mehr Schnecken!**", ist von Robert Sulzberger und für 7,95 Euro beim BLV-Verlag erschienen*

Ein Hoch auf das Hügelbeet!

Den Chinesen verdanken wir nicht nur die Feng-Shui-Lehre, sondern auch das sogenannte Hügelbeet! Das entnahm ich seinerzeit schon der Sachliteratur bei unserem ersten eigenen Haus im Tegernseer Tal , als ich eine kleine Bibliothek über „Leben auf dem Lande" bis zu „Bio- und Klostergärten" oder so ähnlich in mich hineinstopfte. In Südchina wird die Hügelkultur seit Jahrhunderten intensiv genutzt, denn die klugen Asiaten versuchen, auf diese Weise einen möglichst hohen Ertrag mit möglichst wenig Arbeitsaufwand auf kleinstem Raum zu erreichen. Wo so viele Menschen zusammenleben, da muss jeder Quadratmeter Erde ausgenützt werden. Über einen chinesischen Gastarbeiter kam diese Methode nach Amerika und darüber natürlich zu uns nach Europa. Nur, falls Sie mal jemand in einem Fernsehquiz danach fragt.

Als ich den Baggern beim Aushub der Baugrube zusah, bemerkte, wie sie ordentlich Mutter- vom Lehmboden trennten, brachte mich der Humusberg auf den glorreichen Gedanken, doch darauf ein Hügelbeet einzurichten. Bis dieser Aushub dem Erdboden gleich gemacht würde, wäre der Frühling so weit fortgeschritten, dass ich doch bei Fertigstellung des Wohnhauses gleich Gemüse ernten könnte.zusah.

So säte ich, tapfer den spöttischen Bemerkungen meines Gatten standhaltend, Radieschen, Basilikum, Petersilie und pflanzte schon kleine Gurken- und Tomatenpflänzchen. Die spöttischen Bemerkungen des anderen gleichberechtigten Bauherrn bezogen sich auf meine Ungeduld, meist schon Vorhänge zum Beispiel in den Neubau zu hängen, während noch Elektriker Mauerdurchbrüche schlagbohren mussten.

Das tragische Ende meines ersten Hügelbeetes

So kam es wie es kommen musste eines Tages: Beim Rückwärtsfahren passte der sonst sehr sensible Baggerfahrer nicht auf und erwischte das Eck mit den Karotten, Radieschen und Salatpflanzen. Ich, nimmermüde, befreite vorsichtig die lädierten Pflänzchen vom Dreck und gab ihnen einen neuen Platz. Die neugierigen Nachbarskinder wies ich an, während meiner Abwesenheit gut zu gießen.

Was ich nicht bedacht hatte: Der Aushub war noch nicht beendet, es mussten ja noch Klärgrube und

Sickerloch ausgebaggert werden. Während wir ja noch nicht vor Ort wohnten und abwesend waren, musste wohl der Baggerfahrer, jetzt von keiner kreischenden Bauherrin belästigt, diese Erde einfach auf mein Hügelbeet geschmissen haben! Das war das (doppelte) Ende meines ersten Gemüsehügelgärtchens. Denn wie ich bei meinem nächsten Besuch feststellen konnte, hatte er zu allem Überfluss auch noch die ausgewechselte Baggerschaufel malerisch darauf drapiert.

Meine Vorhaltungen haben natürlich niemanden beeindruckt, sondern nur einträchtiges Grinsen von angeheiratetem Bauherrn bis werkelnden Bauarbeitern hervorgerufen.

Neuer Anlauf

An unserem jetzigen Wohnsitz habe ich das das Gemüse-Hügelbeet in der Nähe des Misthaufens angelegt, in einem abgeschlossenen Hof, in den die Pferde nicht eindringen können.

Übrigens konnte hierbei sogar der sonst alles wissende andalusische Gärtner Miguel etwas von mir lernen: Hügelbeete kannte er vorher nicht. Und ich konnte glänzen mit den (angelesenen) Vorteilen des Hügelbeetes, dass alles schneller wächst, weil sich mehr Wärme im Inneren entwickelt und die Anbaufläche sich vergrößert; eine gute Drainage ist ebenfalls gesichert, es kann keine Staunässe entstehen, denn man legt das Beet mit mindestens 15 cm Grundhöhe in Nord-Süd-Lage nach oben, also nach Norden hin ansteigend an. Natürlich pflanzt man dann die höheren Pflanzen wie Tomaten und Paprikastauden nach oben und nach unten die kleineren Salatpflanzen: Damit kriegt alles Gemüse gleich viel Sonne ab.

Existentiell wichtig ist: Auch meinen übelsten Gartenfeinden, den Schnecken, wird das Leben erschwert: Sie müssen jetzt höher hinaufklettern und da habe ich obendrein fies am unteren Rand Mäusegitter rundum ausgelegt. Ätsch, bis jetzt habe ich kein einziges Kriechtier gesichtet.

Miguel meinte, praktischerweise könnten wir ja gleich auch den Pferdemisthaufen nutzen. Gesagt, getan: Wir haben einen Teil der eh unempfindlichen Tomatenpflanzen dort mitten rein gesetzt. Jetzt gibt es auch noch einen seriösen Vergleichstest, wo sie schneller reifen: im Misthaufen oder auf dem Hügelbeet. Allerdings muss man bei der „Wartung" und Pflege der Pferdedung-Pflanzen aufpassen, dass man immer die Gummistiefel angezogen hat und nicht ausrutscht á la des Bayernsongs: „Wenn der Bene nachts um halbe Zehne..." (für alle, die's nicht kennen: diese Verse erzählen die Geschichte vom Fensterln mit tragischem Ende einer umkippenden Leiter, die den Bene in die Odelgrube katapultiert).

Und noch ein nicht zu verachtender Vorteil des Hügelbeets: Miguel muss sich bei der Bearbeitung weniger bücken, denn kennen sie einen Latino-Macho-Gärtner, der sich gern bückt?

Unkrautjäten ist gesund!

Die Leiden meines Gemüsegartens

In der neuen Heimat, in Andalusien, nahm sich ja Miguel, der andalusische Gärtner, des Gemüsegartens an. Bei jedem andalusischen Gärtner ist der Nutzgarten sein ganzer Stolz. Er legte einen großen beeindruckenden Gemüsegarten an, denn bei diesem privilegierten Klima wächst und gedeiht ja alles exorbitant. Wir kippten auch Tonnen von Pferdemist rein. Und wir berücksichtigten auch genau die Mondphasen.

Das milde Klima an der Costa del Sol ohne Frost begünstigt natürlich die Population vieler fliegender oder krabbelnder Quälgeister, die auf der Finca auftreten. Im ersten Sommer fielen mir beim Ernten von Obst immer so **kleine Spinnen** in den Nacken, tja, damit muss man leben auf dem Lande, noch dazu, wenn man kein chemisches Gift einsetzen will!

Ein Jahr später sah ich die ersten **Heuschrecken** rund um die Rosen, die mitten in der besten Blüten-phase plötzlich so kahl da standen!

Von großen Gartenfeinden

Dann kam auch noch ein „Gemüsegartenfeind" ausgerechnet von einer nicht vermuteten Seite! In den zurückliegenden Monaten war es wieder mal sehr, sehr trocken, so dass wir nur das Notwendigste bewässerten, also die Blumen rund ums Haus, die Fächer-Palmenallee und den Gemüsegarten natürlich. Nun muss ich auch ausholend erklären, dass unsere nur zwei Pferde von der 34.000 m²–Finca ungefähr 32.000 m² zu ihrer exklusiven Verfügung und zum Abweiden haben: also ein Paradies auf Erden.

Aber das ist wie bei Kindern: Ausgerechnet an den restlichen 2.000 verbotenen und eigentlich gut ein-gezäunten Quadratmetern wie Blumenbeet ums Haus, Schwimmteich–Randbeflanzungen und Gemüse-gar-ten sind sie natürlich besonders interessiert. Noch da-zu, wenn im Sommer rundum alles braun und trocken wird, diese letzten sattgrünen Flächen aber einem vierbeinigen fanatischen Vegetarier ins Auge stechen.

Man ahnt die „Pointe": Eines Morgens will ich Salat ernten für den Mittagstisch und finde einen barbarisch verwüsteten Nutzgarten vor: Alle gerade im Reifen begriffenen Pflänzchen waren fein säuberlich abgegrast (netterweise hatten sie die Wurzeln steckenlassen), die Tomatenpflanzen, die im Wege standen, nieder-ge-trampelt und nur um die Paprika haben **die Pferde** aus unerfindlichen Gründen einen Bogen geschlagen.

Ich habe geheult, ich gebe es zu! Und noch mehr, als mein Mann, meine Mutter und Miguel schallend lachten, überhaupt nicht die vielen (bezahlten) Stunden, die Arbeit und die zunichte gemachte Vorfreude auf biologisch angebautes Gemüse bedenkend!

Monty Roberts Ratschlag

Aber ich gebe nicht auf! Ich hatte ja die seltene Gelegenheit, in Ausübung meines Journalistenberufes, Monty Roberts zu interviewen, als er in beeindruckenden Vorführungen sein „Join up" demonstrierte, den gewaltfreien Umgang mit Pferden durch Anwendung ihrer „Pferdesprache". Ich konnte ihm auch eine individuelle Frage stellen, den Teil unseres Dialoges gebe ich hier wörtlich wieder:

„Darf ich noch mein persönliches Pferdeproblem schildern? Ich besitze ein liebes, braves, aber intelligentes bzw. fast schon schlitzohrig zu nennendes Halbblut, das jetzt bei der Dürre auf den Wiesen zwar genügend Heu zugefüttert kriegt, aber ohne Rücksicht auf Verluste immer die Zäune durchbricht und meinen (regelmäßig bewässerten) grünen Salat fein säuberlich abfrisst. Was kann ich gegen so viel Respektlosigkeit tun ?"

Monty Roberts (lachte hellauf): *„Bessere Zäune bauen!"*

Die Unkrautphilosophie

Mutti war mal wieder zu Besuch. Und obwohl es ihr mit über 80 Jahren gesundheitlich nicht mehr ganz so gut geht, kann sie eines nicht lassen: das Unkrautjäten rund um unser Haus. Auch bei Sommerhitze. Aber sie erklärt, dass es ihr halt so viel Spaß mache. Also das hat sich bis zu meinen Genen mitnichten herumgesprochen.

Ich liebe es naturbelassen und erinnere mich daran, dass schon in unserem ersten Haus in einem Dorf bei München die Bauern den Kopf über meine wilde Wiese schüttelten. Dort pflegte man ja den seltsamen Widerspruch, dass rund ums Bauernhaus jedes Gänseblümchen ausgerissen wurde, aber am Zaun danach die Kühe auf einer bunten Wiese weideten! Bis einer der Alten sich mal ein Herz und mich beiseite nahm und äußerte, es würde schon Zeit, dass wir mal unser Gras mähen würden, weil es ja bei Regen schon umfiele und man altes Gras so kaum, also nicht einmal mehr mit der Sense schneiden könne.

Mutti erkläre ich auch, dass aus unserem Grundstück kein Stadtpark werden soll, das soll immer rustikal bleiben. Aber da kennen Sie meine Mutter schlecht, das könne sie gar nicht mitansehen, wo ich doch so schöne Blumen eingepflanzt hätte, von Rosen aller Farben bis zur Bougainvilla, Strelitzie und Cala und so weiter. Die kämen ja sonst gar nicht zur Geltung. Es hilft auch nichts meine vorsichtige Erklärung, dass unser andalusischer Gärtner Miguel sich in seiner Ehre gekränkt fühlen und dies als als Vorwurf begreifen könne, warum er aus 35.000 Quadratmetern Land nicht schon längst einen geschleckten Ziergarten gegärtnert hätte.

Und so werkelt Mutti schon um halb acht Uhr, noch vor unserem Aufstehen. Weckt mir sogar vorzeitig die Pferde, Katzen und den Hund auf, die dann meinen, es gäbe endlich mal früher Frühstück wie in anderen anständigen Haushalten auch! Und ich muss sie gewaltsam ins Hausinnere schleppen, damit sie nicht schlapp macht, wenn die Sonne so richtig am Himmel steht und sie wieder das Wasser-Trinken vergisst.

Das Ende vom Lied: Jetzt sieht es richtig kahl aus rund um die von ihr übrig gelassenen Blumen, ich weiß gar nicht, wohin mit den Bergen von Unkraut. Ich brauche auch auffällig mehr Wasser in der heißen Zeit beim Gießen, da das Unkraut keinen Schatten mehr um die Pflanze herum bildet und so auch die Erdkrume mehr austrocknet. Vom Frust meiner Pferde ganz zu schweigen, die ja hin und wieder ihre Spaziergänge bis in Hausnähe ausdehnen und das Unkraut auf ihre Weise dezimieren, wobei sie allerdings gar keine Klassen-Unterschiede machen, den Bambus gleich mitkappen sowie große Anhänger der Rosenblüten sind wie einst Kleopatra im Bade - nur hier als Ess-Delikatesse.

Einen Schiefer zog ich mir gleich direkt ein bei ihr, als ich unschuldig fragte, ob denn nicht auch wildes Kraut sehr schön blühe und vor allem, woran man denn eigentlich erkenne, was Un-Kraut wäre? *"Aber Kind, das ist doch ganz einfach: Unkraut ist alles, was Du nicht gesät und gepflanzt hast."*

Mutti in aller Früh im Garten

Das echte Dirndl

Natürlich besaß ich schon vor unserem Umzug ins Tegernseer Tal ein Dirndl. Aber das war städtische Folklore und nichts Echtes, wie ich heute weiß. Deshalb meldete ich mich nach Umzug gleich zu einem Dirndlnähkurs im Pfarrheim an.

Das echte Dirndl hat wenig mit den Verkleidungen der nicht einheimischen Prominenten auf dem Oktoberfest zu tun. Alteingesessene Dirndl-Trägerinnen rümpfen die Nase bei all dem Überfluss an Spitzen, Rüschen, Herzchen und dergleichen. Das wertvollste **echte Dirndl** besteht aus maßgefertigter Handarbeit.

- So besitzt es nahezu vier Meter Weite im Rock um die Hüfte,
- liegt hauteng am Mieder an, das nur mit Knöpfen im Ein-Zentimeter-Abstand geschlossen wird. Reißverschlüsse sind verpönt!
- Es enthält eine Schürze, denn es war in früheren Jahrhunderten die Arbeitskleidung der Mägde, der

Dirnen also, auf dem Feld. Am besten greift die Schürze die Farbe des eingewebten Musters des Hauptkleides auf, darf aber auch gerne in totalem Farbkon-trast stehen. Praktischerweise erwirbt frau eine zweite Schürze zum Wechseln. Immer aber weist sie ein langes Band zum Binden der Schleife auf. Am Abend darf es auch eine Rohseiden- oder Brokatschürze zum Baumwoll-Dirndl oder gleich ein Brokatdirndl sein.

– Stilecht ist das Dirndl mit weißer Bluse unter dem Mieder.

– Regeln für den Stoff: Gemusterte Baumwolle, meist Blumen-Ranken, für das Kleid, aber Schürze dann unbedingt einfarbig. Gerne darf das Mieder einfarbig genommen werden, meist in schwarz, dunkelblau oder dunkelgrün.

Mühsame Handarbeit

Die vier Meter Rock-Weite werden durch Handreihen gebändigt. Im Abstand von einem halben Zentimeter erfolgen die Stiche und das neun bis elf Reihen untereinander, je nach Schlankheit der Taille. Bei solcher Art kommt man beispielsweise bei elf Reihen auf 3.470 Stiche! Es gibt schon Tricks dabei, denn als Hilfsmittel für gleichmäßige Stiche wird darunter ein eigens dafür vorgefertigtes breites Band gelegt, das die exakten Abstände aufgedruckt hat. Ebenso werden eng aneinander liegende Knopflöcher nur von Hand und nicht etwa mit Hilfe der Maschine gefertigt. Im echten Dirndl wird in einer Stofffalte an der Seite eine praktische Tasche eingenäht.

Wichtiges Zubehör

Die Tiefe des Ausschnittes hängt auch vom Dekolletée der Trägerin ab, es sollte erotisch aber nicht obszön sein, also schon zeigen, dass die Trägerin "Holz vor der Hütt'n" hat. Wer von Natur aus nicht mit einer entsprechenden Oberweite gesegnet ist, dem hilft der eigene Dirndl-BH, der offen und bildlich beschrieben von hinten und seitwärts einiges zusammen packt und nach vorne und oben zusammen schiebt.

Gern werden kleine Filzhüte zur Tracht getragen, auch mit Federschmuck. Ansonsten machen sich auch mitteldicke Haarreifen in Flechtoptik gut. Nahezu unabdingbar zur Vervollständigung des Outfits ist die sogenannte Kropf-Kette mit einer auffallenden Schließe am Kehlkopf. Es muss nicht immer Edelmetall am Hals sein, hübsch ist auch eng anliegender Halsschmuck aus Stoff, ein „Kropfbandl" mit typischen Mustern wie Herzen, kleinen Enten und Quasten daran.

Ein „Charivari", der vorne an der Schürze eingesteckt wird, kann, muss aber nicht sein. Dabei handelt es sich um ein Schmuckstück, das ähnlich wie die Bettel-Armbänder aus einer Sammlung alter Münzen, Bergkristall-Stücken, Schlüssel bestehen kann. Eine schöne Ergänzung für kühlere Abende ist ein Fransen-Tuch möglichst in der Farbe der Schürze, das zum Dreieck gefaltet über die Schultern gelegt wird.

Die strenge Trachtenmode ist heutzutage gelockert, es darf auch in schicken Western-Stiefeln oder Ballerinas daher geschritten werden. Denn achten Sie einmal darauf: Im Dirndl geht oder gar schlurft man nicht daher, es ist eines der schönsten weiblichsten Kleidungsstücke, und plötzlich schreitet die Besitzerin mit hoch erhobenem Kopf durch die Reihen der beeindruckten Mannsbilder!

Selbst genähtes Dirndl (li.), Wiener Waschermadl-Dirndl rechts

Mein Dorfmetzger

Auf dem Dorf ist man ja froh über jede Art von Einzelhandelsversorgung wie Dorfwirtschaft (meist immer vorhanden), Reitsportzubehör (in Pferdegegenden immer) und vor allem über den Tante-Emma-Laden. Klar, das ist eine Achillesferse des Landlebens: die Unterversorgung vor allem im Lebensmittelbereich, da ja jeder über fahrbare Untersätze verfügt und zum Großeinkauf zu den Discountern fährt. Aber was bin ich froh auch über den kleinsten Bäcker mit notwendigstem Kochbedarf wie Salz, Butter und Zucker oder Camping-Kiosk wie in Altfunnixsiel mit frischer Tageszeitung wie in unserer Ostfriesland-Depandance oder die Pizza-Bar mit Getränken im ligurischen Hinterland, um nicht immer das Auto hervorziehen zu müssen.

So muss auch die Rede sein von meinem andalusischen Metzger/Fleischer oder Carnicero, wie er auch heißt. Sein Laden liegt in unserem Dorf ganz versteckt als letzter im Eck unter den Arkaden und ich wurde seinerzeit darauf nur aufmerksam, weil davor eine Schlange von einheimischen, meist älteren Frauen bis auf die Straße hinaus stand. Neugierig, wie ich schon von Berufs wegen bin, stellte ich mich mit an, denn davon kann man ausgehen: die gestandenen, resoluten Mamas und Großmütter, die pünktlich mittags das Essen für die große Familie auf den Tisch bringen müssen, die wissen, wo man gut und günstig einkauft. So entdeckte ich die qualitätsvollste Fleisch-Einkaufsquelle im Umkreis von mindestens 30 km.

Freilaufende Schweine und Hühner

Salvatore, der stämmige aber fesche Metzger hat nicht täglich alles vorrätig, aber dafür immer frisch. Und es schmeckt! Das Rinderfilet ist genügend lang abgehangen und zergeht auf der Zunge, die zunächst unscheinbaren, also nicht knallrot aussehenden Koteletts, kommen vom Cerdo iberico, das wild in den Eichenwäldern lebt; sein Huhn, das lebend garantiert frei herumlief, lässt schon entfernter liegende angenehme Kindheitserinnerungen hoch kommen, als es auch noch in Deutschland so echt mundete und nicht nach wässrigem Einheitsfleisch schmeckte. Hündin Samba weiß ebenfalls seine großzügig bemessenen kostenlosen Reste zu schätzen.

Auch mein Mann ist seitdem total verwöhnt und merkt sofort, wenn ich „fremdging" und in einer anderen Carnicería oder gar im Supermarkt eingekauft hatte. „Warst Du etwa heute nicht bei ‚unserem' Metzger?" heißt es da gleich vorwurfsvoll. Damit nicht genug: Salvatore hat bis genau 14.15 Uhr geöffnet, diese Viertelstunde rettet mich immer bei meinem täglichen Wettlauf gegen die Schließungen um 14.00 Uhr.

Nähert man sich seinem Laden und es ist gerade nicht viel los, dann hört man ihn schon von weitem Flamencogesänge schmettern mit einer herrlichen Baritonstimme – tja bei dem „Resonanzboden" sprich breiten Brustkorb. Kein Wunder, dass man ihn bei den Semana-Santa-Umzügen für die Saeta-Gesänge holt.

Dörfler sind auf natürliche Weise neugierig, das habe ich ja zu Genüge dargelegt. Eines Tages fragt er mich, so über die Theke gelehnt beim Herausgeben des Wechselgeldes: „Darf ich mal fragen, wie alt Sie eigentlich sind?" Ich sagte überrascht die Wahrheit. Und er: „Dachte ich mir."

Wie alle echten Andalusier leidet auch er nicht unter fehlendem Selbstbewusstsein. Als ich mich neulich nach den Feiertagen mit dank seiner Grundmaterialien überaus gelungenen Mahlzeiten bemüßigt fühlte, ihn überschwänglich zu loben: *Salvatore, Du hast das beste Fleisch an der ganzen Küste*", da lautete die Antwort knapp: *„Ich weiß.*"

Ich hasse Kochpartys!

Ich koche ja wirklich gerne, das ist vielleicht schon hie und da klar geworden. Ich halte das wie Schreiben für eine sehr kreative Tätigkeit, besonders bei mir, wenn mal wieder ein entscheidendes Gewürz fehlt und ich meine grauen Gehirnzellen sehr anstrengen muss, um es durch ein anderes zu ersetzen. Das führt dann zu Kommentaren meines Mannes dergestalt: „Hhmm; diese Soße solltest Du Dir merken, die ist besser als letztes Mal zur selben Pasta". Es hat dann keinen Zweck, dass ich ihm erkläre, dass ich das nie garantieren könne, denn nächstes Mal fehle vielleicht eine andere Zutat.

Was ich aber auf den Tod nicht ausstehen kann sind sogenannte Kochpartys. Wenn nämlich etwa vor meinem Geburtstag eine Freundin droht: „Dieses Jahr ist mein Geschenk für Dich, dass ich mit allen Zutaten zu Dir komme und in Deiner Küche für Dich koche !" Das ist wieder so was von nett gemeint! Aber ich muss mich outen: Ich hasse es, wenn jemand „Fremder" in meiner Küche herum fuhrwerkt! Ich mag es partout nicht, wenn ich Leute einlade und dann kommen die beflissenen Haus-Frauen meist (immer noch bleiben die Männer lieber beim Bier sitzen , in dem Fall haben sie meinen Segen) und es kommt die Standardfrage: *„Kann ich Dir helfen?"* Und dabei machen Sie mehr Arbeit, als wenn sie gleich bei den Männern sitzen blieben, denn es geht ständig: *„Wo hast Du denn den Safran?"* - *Wo kommen die Teller hin?"* - *„Also ich gebe immer noch einen Schuss Kognak in die Soße"* – *„Deine Geschirrspülmaschine ist aber nicht praktisch für die Gläser!"* Und so weiter.

Kennen Sie das? Das macht mich ganz nervös, ich kann mich nicht auf mein Gebrutzel konzentrieren, vergesse dann vielleicht wirklich, den Pfeffer dazu zu geben, finde anschließend an diese Kochparty die Salatschüsseln nicht mehr wieder oder auf abseitigen Plätzen – grrrrrr!

Gut gemeint oder Helfersyndrom?

Schrecklich, diese „gut gemeinten" Geschenke oder dieses Helfersyndrom! An zweiter Stelle meiner „Beliebtheitsskala" stehen auch die Partys, bei denen jeder was selbst Gemachtes mitbringen soll: Das kann funktionieren, bedarf aber einer strategischen Chef-Menüplanung, sonst hat man drei Zazikis und keine einzige Schinkenplatte. Und das mit dem Helfen in der Küche, was Geschirr betrifft, geht wie oben.

Ich sage es offen heraus: Wer mir auf diesem Gebiet etwas Gutes tun will, der lade mich in ein gutes Restaurant ein! Da halte ich es immer mehr mit Franzosen, die sich nicht zuhause mit Freunden treffen, sondern im Restaurant. Und einmal zahlt der und ein andermal ein anderer. Ich lerne das immer mehr zu schätzen: Keiner hat Arbeit in der Küche und man unterstützt einen wichtigen Wirtschaftszweig.

Und ich erinnere mich gern an einen Wandspruch in der Küche meiner Nachbarin in Osnabrück, auf dem steht: *„Wenn Gott wollte, dass ich koche - warum hat er dann die vielen guten Restaurants geschaffen?"*

Hilfe in der Küche

Plädoyer für den Knoblauch

Wenn man mich fragen würde, welches meine bevorzugten Gewürze in der Küche seien, dann würde ich wie aus der Pistole geschossen antworten: Zwiebel und Knoblauch! Dann erst kämen bei mir – mit Abstand - Salz und Pfeffer. Es gibt bei mir fast kein Haupt-Gericht, bei dem ich nicht Knoblauch daran tue, ob als ganze Zehe oder meist gepresst. Sogar eingefleischte Knoblauchgegner merken das aber dann gar nicht beim Essen, sondern gucken bedripst aus der Wäsche, wenn ich ihnen das anschließend „beichte"!

In Spanien ist der Knoblauch auffallend mild, führt auch nicht so penetrant zu den gefürchteten Ausdüns-tungen noch 24 Stunden nach dem Genuss. Meine Mutter nahm sich nach jedem Urlaub an der Costa del Sol auf die Rückreise im Koffer spanische Knoblauch-zehen mit, um sie zuhause in ihren Gemüsegarten zu pflanzen. Die Beamten werden sich gewundert haben bei der Sicherheitskontrolle am Flughafen!

In guten mediterranen Restaurants befinden sich mindestens mehrere Knoblauchzehen in der Olivenölflasche, oft wird neben Oliven auch eingelegter Knoblauch zum Aperitif gereicht.

Von Gambas al pilpil bis Pasta Alio e Olio

Eine der köstlichsten warmen Vorspeisen sind Gambas al pilpil, Krabben in einer Soße mit Olivenöl, Chili und vielen Knoblauchscheiben. Muscheln á la Marinara gehen gar nicht ohne Knoblauch, Zaziki erst recht nicht. Eines der berühmtesten Pastarezepte wird nur mit Spaghetti und einer Soße aus Olivenöl und Knoblauch hergestellt: die **Pasta Alio e Olio,** die übrigens bei einem Pastaessen stilgerecht und wirksam als letztes Nudelgericht serviert wird, weil man ihr Digestif-Qualitäten nachsagt. Als Kind liebte ich es, vom Spielen von der Straße heim zu kommen, mir ein dickes Butterbrot zu schmieren, gehackten Knoblauch darauf - gesalzen –mmmmhhhh!

Seltsamerweise gibt es eine Abneigung gegen Knoblauch, je mehr man nach Norden geht (Ausnahmen bestätigen die Regel!): Engländer zum Beispiel schütteln sich bei dem Gedanken, dass Knoblauch an einem Gericht dran wäre! Aber was will man von Leuten erwarten, die trockenes, ungewürztes Fleisch ohne Soße servieren, alle möglichen Desserts durcheinander mischen und Salate mit süßen Pfefferminz-Marmeladendressings anmachen. Doch haben auch neulich

englische Gäste nicht bemerkt, dass ich meine Lamm-
keule mit Knoblauch gespickt hatte.

Viele Heilkräfte im Knoblauch

Man weiß längst auch um seine Heilkräfte: Knoblauch senkt Blutdruck und Cholesterin, wirkt gefäßer-
weiternd und gerinnungshemmend und stärkt bei re-
gelmäßiger Anwendung das Immunsystem, sozusagen
als natürliches Antibiotikum. Schon die alten Griechen
und Römer verwendeten ihn als Heilmittel, auch wenn
sie ihn „stinkende Rose" nannten. Im alten Ägypten
soll es vor 5.000 Jahren den ersten Streik der Sklaven
gegeben haben, als man ihnen die tägliche Knoblauch-
ration strich. Im Mittelalter wurde Knoblauch gegen
die Pest eingesetzt. Und Sie wissen ja, falls ihnen einer
dieser neuartigen beliebten Vampire begegnen sollte:
immer eine große Knoblauchknolle mit sich führen!

Spanischer Knoblauch ist besonders mild

Mit Gemüse gegen die Krise

Selbst und dabei auch noch biologisch Gemüse anbauen, ob im Vorgärtchen oder auf dem Balkon, gilt jetzt als letzter Schrei. Die Zeiten sind so oder werden auch nicht besser, wenn man Eurokrise und Inflationskrise berücksichtigt. Also weg mit den Zierpflanzen wie Rosenstöcke und Glyzinie und her mit den Salat- und Tomatenpflänzchen! Erst neulich klagte ein Besucher, dass ein Kilo Tomaten drei Euro kostete im Supermarkt. Was ich da spare, Platz genug ist ja auf dem Grundstück. Außerdem: Wie gesund mein Bio-Anbau hier ist, nur gedüngt mit Luxus-Pferdemist!

Weg mit den Geranien – her mit den Tomaten

Ganz egal, ob Sie nur Terrasse oder Balkon besitzen - haben Sie nicht schon Kräuter wie Petersilie und Basilikum vor Ihrem Küchenfenster? Und wie schön können auch Paprika und Tomatenpflanzen in Terracottatöpfen aussehen. Letztere sollen auch noch Mücken fern halten, aber meine entsprechenden Plagegeister hier draußen haben wohl das entsprechende Gartenbuch nicht gelesen.

Hier auch noch meine handfesten Tipps, wie Sie die Ernte in Ihrem Gemüsegarten optimieren können, indem Sie nicht die falschen Pflanzen nebeneinander stellen oder einsäen. Wie bei uns Menschen gibt es auch bei den Pflanzen Anti- und Sympathien untereinander. Und das nicht erst, seit sogar Wissenschaftler Gefühle bei Pflanzen feststellen.

Die richtige Pflanzennachbarschaft

Hätten Sie gedacht, das man zwischen Tomaten keine Zwiebel stecken soll? Die Zwiebel ist überhaupt so ein streitbares Ding, sie verträgt sich auch nicht mit Bohnen, Erbsen, Kartoffeln und Kohl. Hingegen mit Erdbeeren, Gurken, Möhren und Kopfsalat. Bitte aber nicht wiederum die Gurken mit den Tomaten und Radieschen kombinieren, wahrscheinlich hören sensible Naturen diese nachts lauthals debattieren!

Die Tomate ist auch sehr eigensinnig. Zusätzlich zu Zwiebeln sind bei ihr auch Erbsen, Kartoffeln und Fenchel verpönt. Die Kartoffel hingegen kann weder mit der Zwiebel noch mit der Tomate, die eigentlich wie sie ein Nachtschattengewächs, also verwandt mit ihr ist. Aber das weiß man ja aus eigener Erfahrung, manchmal kracht es besonders in der eigenen Familie!

Aber loben wir auch mal die Pflanzen, die sich diplomatisch mit allen vertragen: Möhren, Mangold, Pflücksalat und Zucchini. Ein sanftes Wesen wird auch Kräutern nachgesagt wie Kümmel, Dill, Beifuß und Salbei. Mit einer Ausnahme bei Salat und Petersilie.

„Es kann die schönste Pflanze nicht gedeihen, wenn es dem bösen Nachbarn nicht gefällt", so könnte man Schillers Zitat treffend abwandeln.

Ich bin übrigens nicht die einzige, die auf die Idee kommt, jetzt mit Gemüse gegen die Krise anzukämpfen. Neulich treffe ich meine Freundin, die ebenfalls über ein großes Stück Land verfügt, und was höre ich da von Lizzy: *„Wir werden unsere Gemüsegarten enorm ausbauen. Wenn Du also was brauchst - wir verkaufen jetzt auch an Freunde und Bekannte."* Unser beider Anbauplan ergänzt sich gut und so tauschen wir ihre Kartoffeln gegen meine Zucchini. Nur, da sind wir uns beide einig:

Unten an die Straße mit Gemüsesteigen stellen wir uns nicht!

Sommergäste

„**G**erade sind Sohn, Schwiegertochter und drei Enkel wieder abgereist – so schön es war, aber jetzt muss ich mich jetzt erst mal wieder davon erholen!“ So hörte ich es gerade wieder von einer Freundin. Leute mit großen Häusern kennen das ja alles.

Eigentlich haben wir das seit gewissen Erfahrungen zu vermeiden getrachtet: all die plötzlich nach langer Zeit wieder aufgetauchten, oft auch selbst ernannten Freunde, die spontan für drei Wochen zur Erholung zu uns kamen. Das war und ist besonders der Fall in unserem Ferienhaus an der Nordsee und vor allem, seit wir hier in Südspanien wohnen.

Die Gäste wollen vom Flughafen abgeholt, täglich verköstigt und durch die Region kutschiert werden! Und *„damit sich der Flug lohnt, haben wir gleich drei Wochen gebucht, das ist Euch doch recht?“*

Ziemlich schnell haben wir unser Gästezimmer zum Büro umfunktioniert, bei etwaigen Anmeldungen liebevoll ein preiswertes Hotel oder eine Ferienwohnung organisiert und günstige Autovermieter herausgesucht.

Doch letzten Sommer kam es zu einem „Rückfall": Ein Patenkind studiert günstigerweise Gebäudetechnik und hat uns für ein Praktikum ausgesucht. Wir dachten naiv so an maximal vier Wochen. Doch selbständig wie man mit 20 Jahren so ist, informierte er uns kategorisch, dass er die Flüge am besten für sich im Zweimonatsabstand hin und zurück gebucht hatte. Da brach erst mal Hektik auf der Finca aus: Durch Beziehungen erwarben wir einen geräumigen Wohnwagen (braucht keine Baugenehmigung!!) und bauten die provisorische Arbeitertoilette mit Fliesen- und sonstigen Sanitärresten nahezu Designerwürdig aus.

Ehrlicherweise muss ich gestehen, das Patenkind und angehender Ingenieur ist direkt gut zu gebrauchen! Er ist handwerklich geschickt, hat brauchbare neueste Computerkenntnisse, hilft gut erzogen von alleine im Haushalt und hat keine Angst vor den Pferden, weshalb er schon mal die frühe Fütterung übernehmen kann. Er verfügt auch über einen guten Fahrstil, so dass er uns nachts nach Abendveranstaltungen als einziger nicht alkoholisiert nach Hause chauffiert.

Doch für mich ist es schon ein Umgewöhnen, muss ich ehrlich gestehen, jemanden so nah für zwei Monate um sich zu haben: Ich kann nicht mehr einfach mal früh so nackt durchs Haus rennen, das wäre doch dem Jungmann nicht zumuten!! Jetzt muss auch Frühstück auf den Tisch, und das mir, die ich doch ein typisch mediterraner Frühstücksmuffel bin und höchstens drei Tassen Cappuccino trinke! Doch Göttergatte findet einen reich gedeckten Frühstückstisch samt frisch gekochten Eiern gar nicht so schlecht!

Aber liebe Leserinnen und Leser, unter uns, bitte, bitte ja nichts von dem praktischen Wohnwagen und dem chicen Bad weiter erzählen, sonst habe ich sie gleich wieder alle auf dem Hals - siehe oben.

Unser Not-Gästehäuschen

... und Überraschungsgäste

Da sitzt man friedlich und nichtsahnend auf der Terrasse, krault den Hund und liegt auf der Couch vor dem Fernseher, und dann klingeln plötzlich beste Freunde oder weniger gute, die einfach mal einen „Landausflug" machen wollten. Mit einer Flasche in der Hand, wenn man Glück hat. Warum dann immer den Chinesen, den Pizzaboten anklingeln oder teures Sushi anliefern lassen? Nudeln finden sich doch in jedem guten Haushalt und schon geht es los mit Hauptzutaten aus dem eigenen Garten. Die Freunde werden gleich zum Schnipseln und Schneiden verdonnert.

Rezepte für unerwarteten Besuch:

1. Pasta Primavera für sonnige Tage

Dieses Gericht geht ganz schnell: Spaghetti kochen, inzwischen Tomaten und Mozarella in Scheiben schneiden, Basilikum-Blätter pflücken. Anrichten beziehungsweise würzen wie zu der Vorspeise "Tomaten mit Mozarella und Basilikum", also salzen, pfeffern und Olivenöl darüber geben. Die heißen, abgetropften Nudeln auf die Teller verteilen, die angerichteten Tomaten und Mozarella (kalt) und Basilikum darüber geben. Die Gäste verrühren dies dann selbst, bis der Mozarella Fäden zieht.

2. Pasta mit Zucchini und Speckwürfeln

Durchwachsenen Speck oder Bacon würfeln, nach Geschmack auch Zwiebeln würfeln, mit Zucchini genauso verfahren. Wenn es geht, dann die hellen oder gestreiften erwerben, die verfügen über einen besseren Eigengeschmack als die dunkelgrünen Zucchini. Parallel nun in einem Topf heißes Wasser mit Salz zum Kochen bringen und Nudeln nach Geschmack al dente, also bissfest kochen. Am besten passen Penne dazu.

Für die Soße in einer Pfanne die Zutaten mit zwei Esslöffeln Olivenöl und zwei Knoblauchzehen kurz anbraten, dann einen Esslöffel Creme fraiche dazu geben sowie mit saurer Sahne und etwas Natur-Yoghurt aufgießen. Würzen mit Salz, Pfeffer, etwas Oregano, einem Schuss Weißwein und jetzt kommt der Geschmackstrick: eine Scheibe Gorgonzola in der Soße auflösen. Wer kein Fan von Sahnesoßen ist, der nimmt nur reichlich Olivenöl dazu und läßt dann aber auch den Gorgonzola weg.

Wenn man ganz gut drauf ist, die Freunde wirklich liebenswert sind und man das Schwitzen vor dem Herd nicht scheut, dann kann man gleich ein **„Tris"** servieren, beziehungsweise drei Paste hintereinander. Es bietet sich als letzte **Pasta die mit Alio und Olio** an, mit Knoblauch und Olivenöl: Die gilt als echte „Verdauungspasta" zum Abschluss eines solchen Nudelfestes und erspart den Grappa danach. Macht auch die Freunde gleich wieder nüchtern.

Nichts schöner, als mit Freunden beim Essen in geselliger Runde beieinander zu sitzen.

Natürlich reden alle vom Wetter!

Es ist ja kein Geheimnis: 50 Prozent unserer Auswanderungsmotive nach Südspanien, genauer: Costa del Sol, ist dem dortigen privilegierten Klima zuzurechnen, das in Europa seinesgleichen sucht. Mein Mann meint sogar: mindestens 51 Prozent.

Meist können wir hier an unseren andalusischen Küsten so richtig der Schadenfreude frönen, die ja bekanntlich die schönste Freude sein soll, wenn wir das Wetter im übrigen Europa, besonders in der alten Heimat, mit unsrigem hier vergleichen! Zum Beispiel bei Anrufen frustrierter Bewohner nördlich der Alpen, wenn sich deren Sommer mal wieder auf nur vier zusammenhängende Tage konzentriert: „Was habt Ihr denn gerade für Wetter?" Eine völlig überflüssige Frage in den Sommermonaten für unsereins, denn Sonne haben wir sowieso, Regen gibt es nicht zwischen Ende Mai und Ende September – bis auf einzelne schmierige Riesentropfen für zwei Minuten. Wir können immer zu

Freiluft-Sommer-Parties einladen und müssen nie eine Regen-Zelt-Variante in der Hinterhand haben! Die Gretchenfrage am Morgen heißt allenfalls: Haben wir heute Levante oder Poniente, also Ostwind oder Westwind?

•

Der Wind macht das Wetter

Haben wir letzteres, Poniente, dann schwinge ich mich munter aus dem Bett, denn er bringt kühle Luft früh und abends, wird aber über Mittag für 40 Grad und das Gefühl sorgen, man halte sich einen Haarföhn auf Stufe zwei ans Ohr! Kein Wunder, da er ausreichend Zeit und trockenes Land vor sich fand, um sich auf seinem Weg zu uns aufzuwärmen. Ich fühle mich dann nicht so matt, kann besser durchatmen, denn es gibt nicht so ‚schwere', mit Wasser angereicherte Luft. Klar, ab zwei Uhr nachmittags geht im Freien bis eigentlich 21.00 Uhr nichts mehr, deshalb die sinnvolle Erfindung der Siesta! Sogar unsere Pferde galoppieren an solchen Tagen mittags von der Weide in den kühleren Stall und wagen sich erst ab 19.00 Uhr wieder hinaus. Dafür ist Waschtag angesagt, weil man mindestens drei Trommeln draußen an der Wäscheleine trocken kriegt.

Biegt sich aber unser Bambus vor dem Fenster Richtung Berge und es hängt ein Schleier über Meer und Küste, dann ist Levante angesagt, dann wird es einereits 10 Grad „kühler" (!), hat immer diese herrlich leichte Brise vom Meer, jedoch eine Luftfeuchtigkeit von 85 % aufwärts, für mich oft gefühlte 120 %, wenn das überhaupt möglich wäre. An diesem Tag lässt man das Waschen lieber sein: Die Wäschestücke fühlen sich auch nach 12 Stunden an der Leine immer noch klamm an.

Bauernregeln und Tierwarnsystem

Übrigens: Auch in unserem Haus an der Nordsee seinerzeit spielte der Wind eine große Rolle. Die alten Häuser und Katen haben alle ein flach auslaufendes Dach (wie bei den Deichen) nach Nordwesten, woher der meiste Wind kommt. Die dortigen Bewohner können die Wettertendenzen sehr gut voraussagen, je nachdem ob „auflandiger" oder „ablandiger" Wind herrscht und wann die Tide wechselt. Dann wechselt oft auch das Wetter.

Auf dem Land kriegt man ein sehr viel engeres Verhältnis zur Natur und damit auch zum Wetter. Man denke nur an die vielen Bauernregeln, die mehr oder weniger einen wahren Kern besitzen. Man lernt, den Himmel aufmerksamer zu beobachten. Unser Tiroler Bauer, auf dessen Hof mein Bruder und ich mit meinen Eltern so herrliche Ferien unserer Kindheit verbrachten, ging mit seiner Pfeife im Mund frühmorgens vor die Tür und sah nach, ob der Wilde Kaiser einen „Hut“ auf hatte oder nicht. Allerdings erinnere ich mich nicht mehr, ob der Hut nun Regen bedeutete oder Stabilität des schönen Wetters!

Und in Warngau lernten wir ziemlich schnell zu wissen, wann nicht nur ein Gewitter drohte, sondern auch Hagel: immer dann, wenn ein gelber Streifen in den schwarzen Wolken zu sehen war! Heute haben wir als „Frühwarnsystem“ auch unsere Tiere. Ich erinnere mich, als eines Tages der Himmel sich schwarz verzog, was sonst die Regen gewohnten Pferde nicht störte. Aber an diesem Tag stellten sie sich plötzlich am Weidetor auf und Herdenchef Amigo ließ ein lautes, fast jämmerliches Wiehern hören. Ich brachte sie vorsichtshalber mal in den Stall: Keine fünf Minuten später ging ein Hagelschauer mit eiergroßen Eisstücken nieder!

Sintflut und Wüstenklima

Doch was sind wir Auswanderer in Spanien für Wetter-Snobs geworden, denn so müssen wir den nördlichen Freunden vorkommen, da wir dann doch sehnsüchtig nach einem Sommer auf den ersten großen Septemberregen warten, der den grauen Staub von den Bäumen wäscht, der uns wieder kräftig durchatmen lässt. Wie verwöhnt aber auch unsere deutschen Pferde geworden sind, die einst bei 12 Grad „lauem“ Mairegen unbeeindruckt den ganzen Tag auf der Wiese fraßen, sieht man dran, dass sie sich dann bei diesem wirklich milden Regen sofort in den Stall flüchten!

Wenn die echte Regenzeit kommt, dann kann man das nicht mehr Regen nennen, sondern nur noch Sintflut. Dann sprudelt bei Freunden in der Diele ihres Reihenhäuschens Wasser zwischen den Fliesen hervor, bei anderen drückt das Wasser aus den Außenwänden ihrer Villa nach innen: Beim Kauf des Hauses hatte ihnen keiner gesagt, dass sie in einem alten Flussbett sitzen! Tierschützerin Brigitte kommt dann überhaupt nicht mehr heraus aus ihrer Finca, da sie von einem reißenden Fluss, den man vorher trocken durchfahren konnte, von der Außenwelt abgeschnitten ist. Manche Polopferde von Sotogrande stehen am über die Ufer getretenen Rio Genal bis zum Bauch im Wasser.

Waldbrandgefahr im Winter?

Wir selbst überstehen es meist sehr gut, nachdem unser Dach nach dem dritten Ausbesserungsanlauf dicht ist und die Regenströme den Hang hinunter wir schon bei unserer Ankunft im auch regenreichen Winter 2000/2001 in vom Ingenieursgatten berechneten Kanälen ableiten. Und trete ich aus der Tür, schwappt auch kein Wasser vom Dach in meinen Nacken, denn die Häuser von Deutschen und Holländern hier an der Küste erkennt man an den Regenrinnen!

Es gibt aber auch Jahre des Gegenteils. Wenn ich mindestens zweimal die Woche rundherum auf der Finca gießen muss, sogar die Wüstenpalmen und immergrünen Pinien. Wenn Waldbrände allerorten ausbrechen mitten im mediterranen Winter!

Eine Wette nehme ich allerdings an: In der Semana Santa, in der Osterwoche, wenn der erste große Touristenansturm zu erwarten ist, dann kommt garantiert Regen! Dazu brauche ich keine hellseherischen, medialen oder sonstigen Glaskugel-Tarotkarten-Fähigkeiten. Wir leben hier seit dem Jahr 2000, und es hat noch jedes Jahr, aber wirklich jedes Jahr ohne Ausnahme in der Semana Santa in die Prozessionen hinein geregnet, so dass etliche abgesagt werden mussten! Auch wenn es mir um der Touristen willen leid tut, aber das war schon immer so und s´wird´s immer sein.

Bauernregel:

Kreist der Hahn am Kirchenturm, wird bald nass der Regenwurm.

Im Süden in Würde altern

Eine alte Steineiche bildet den Mittelpunkt eines 200 Einwohner zählenden Dorfes im Hinterland der italienischen Riviera. Ab 10 Uhr vormittags treffen sich die Alten des Dorfes unter dem Schatten spendenden Laubbaum mit einer Holzbank drumherum: Omis mit Strickzeug, andere, die den Enkel im Kinderwagen wiegen, Singles wie Rosa, mit ihren 72 Jahren noch immer eine faszinierend schöne Frau, die zu stolz oder der keiner gut genug war, wie die anderen immer noch hinter vorgehaltener Hand flüstern. Und Marco trifft man an, den 92-jährigen Dorfältesten, die lebende Chronik des Dorfes, den man zu allen Ereignissen ab dem Ersten Weltkrieg befragen kann.

Wenn einer der Altenrunde bis 10 Uhr nicht erschienen ist oder seinen Fensterladen noch nicht geöffnet hat, dann steht einer auf und sieht nach. Keine Chance, dass hier eine Leiche bis zur Verwesung unentdeckt liegen bleiben könnte. Die jüngeren Dorfbewohner, die in der Stadt arbeiten, kommen mit ihrer Vespa auf ihrem Weg zur Bushaltestelle vorbei und fragen, ob sie etwas vom Supermarkt mitbringen können.

Dieses und ähnliche Dörfer brauchen kein Altersheim und keinen Kindergarten, denn hier stimmt die Kommunikation unter den Dorfbewohnern, dem verlängerten Arm der Familie, hier steht man noch nachbarschaftlich zusammen.

Beispiel Süd-Spanien

Es wurde viel verbaut an den Küsten Spaniens, das ist wahr, es stehen viele Bauruinen leer. Aber es gibt auch kleinere, sogenannte Urbanisationen mitten in Gemeinden, nicht weit außerhalb am Stadtrand, mit 20 bis 200 Appartements, altersgerecht gebaut ohne Schwellen, mit Aufzügen auch bei drei Stockwerken und vor allem mit gemischt internationaler Belegung von einheimischen Spaniern, Engländern, Skandinaviern und Deutschen. Funktionierendes Europa im Kleinen! Die Älteren sitzen schwatzend um den Swimmingpool und bieten jedem Vorübergehenden ein Gläschen an. Hier muss man nicht verzweifelt allein in der Wohnung von TV-Programm zu TV-Programm zappen. Der Gärtner der Anlage, Ende 40, begrüßt die deutsche Witwe Maria, 77, bei ihrer Ankunft immer überschwänglich mit Küsschen links und Küsschen rechts auf die Wange und flirtet ungeniert mit ihr. Das sind die Latin Lovers: charmant zu jeder Frau jeden

Alters, und das weckt die Endorphine auch mit 77 wieder auf. Altersheim Mittelmeerküste – ja und nochmals ja.

In Spanien zum Beispiel kennt man den Begriff „Senior", der in Deutschland so einen Beigeschmack hat, gar nicht, man spricht viel eleganter vom „dritten Lebensabschnitt". Die ersten Lebensjahre sind die lernenden, dem die arbeitenden folgen, und mit dem letzten sind nun die genießenden gemeint. Auch wenn man nicht so übertreibt wie die Amerikaner mit ihrer „political correctness" und „old" nicht mehr als akzeptabel gilt, sondern „chronologically gifted" (altersmäßig begünstigt") dafür anzuwenden ist!

Stirb schneller Rentner?

Welch ein Kontrast zu den Kommentaren junger Abgeordneter, die scheinheilig empört vorrechnen, dass die Rentner in Deutschland zu lange leben und dafür finanziell bestraft gehören. Ich wünsche denen inbrünstig, dass sie zur Strafe sehr, sehr alt werden in Deutschland, wo kaum mehr einer in einer U-Bahn einer 77jährigen Dame wie meiner Mutter einen Sitzplatz anbietet, wo sie auf der Straße angerempelt wird und man sagt: *„Pass doch auf Omi!"* Man kann nur in Würde altern im mediterranen Raum, das beobachte ich schon lange, dort, wo man sich freut, wenn man hierher übersiedelt und seine Rente ausgibt, wo Schüler im Bus noch selbstverständlich aufstehen für eine ältere Dame, wo kein Disco-Türsteher einen von oben bis unten mustert und meint: „Was wollt Ihr denn, Ihr Gruftis?!" Die südliche Wärme tut außerdem nicht nur Knochen und Gelenken gut, erwiesen ist heute auch statistisch, dass Rentner im Süden Europas im Durchschnitt fünf Jahre länger leben – sehr zum Ärger der Erben im Norden...

Alt werden unter der Sonne des Südens

Anhang
Gesund leben

1. Gesund essen

1.1.Mediterrane Küche

Sie gilt als eine der besten und gesündesten und ist sogar Weltkulturerbe der UNESCO.

Typisch für die mediterrane Küche ist der reichliche Gebrauch von Tomaten und Paprika, von Gemüse allgemein, die Europa dem Christoph Kolumbus verdankt. Dazu das herrliche Olivenöl, das nicht nur kalt genossen wird, sondern auch vorsichtig erwärmt werden darf. Fisch und Meeresfrüchte gehören ebenfalls zu den bevorzugten Genüssen, aber Wild und Trüffel runden das Angebot ab. Gewürzt wird von Basilikum über Rosmarin und Salbei bis Thymian. Der langen Rede kurzer Sinn: Hier ein paar **Rezepte für Vorspeisen** und Imbissvorschläge, die für sich sprechen:

Überbackene Zucchiniblüten

Zutaten für 4 Portionen:
8 große Zucchiniblüten, gibt es heute sogar schon extra zu kaufen, falls es der eigene Garten nicht hergibt oder es werden auf Märkten auch Zucchinis mitsamt Blüten angeboten. • 2 Eier • 6 Esslöffel Semmelbrösel • Pfeffer • Salz • 1 Messerspitze Muskatnuss, gemahlen • 2 Esslöffel Olivenöl
Zubereitungszeit 10 min - Gesamtzeit 15 min:

Die Blüten von der Zucchinipflanze oben vorsichtig abtrennen und gründlich waschen: Es tummeln sich

nämlich gerne Ameisen darin! In ein Schüsselchen
zwei Eier hinein schlagen und das Eidotter mit dem Ei-
weiß zusammen mit einer Gabel verrühren. Mit Salz,
Pfeffer und Muskatnuss würzen. In ein anderes Schüsselchen die Semmelbrösel geben. Nun die mit einem
Küchentuch abgetrockneten Blüten vorsichtig erst im
Ei, dann in den Semmelbröseln wälzen, kurz, panieren.
Wer es kalorienbewusster will, der läßt die Semmelbrösel weg und wendet die Blüten nur im Ei. Inzwischen
hat man das Olivenöl in der Pfanne erhitzt und gibt
nun die panierten Blüten hinein und brät sie von beiden Seiten. Ich habe dies zum ersten Mal in meinem
Leben in den 80er Jahren in einem Grottenrestaurant
in Brisighella in der Emilia Romagna von einem
Sternekoch gekostet. Heute ist diese Vorspeise aus der
italienischen Küche sehr viel bekannter.

Melanzane parmigiana

Zutaten für 4 Portionen:
1 große oder 2 kleine Auberginen • 4 normale Tomaten
• Parmesankäse • etwas Bier • Olivenöl
Zubereitungszeit 10 min - Gesamtzeit 10 min:

Die Auberginen waschen und längs in Ein-Zenti-
meter dicke Scheiben schneiden. Nicht die Randstücke
verwenden. Die Tomaten schälen, indem man sie
vorher in heißem Wasser blanchiert hat, dann eht es
leichter. Nun die Auberginenscheiben in Bier wälzen,

ein alter Trick einheimischer Köchinnen, damit sie dann nicht zu viel Olivenöl aufsaugen in der Pfanne und - jenach Gusto - gepressten Knoblauch darüber streuen. Nun in die Pfanne mit heißem Olivenöl geben und von einer Seite goldbraun anbraten. Wenden. Auf diese gewendete Seite nun die Tomaten in Scheiben legen, etwas salzen und pfeffern und mit Parmesan bestreuen. Auf kleiner Flamme oder Hitze weiter braten, bis der Käse zerläuft, dann ist diese Köstlichkeit servierfertig. Ehrlich gesagt, wem der Parmesan zu teuer ist, der kann es auch mit mit jedem anderen geriebenen Hartkäse anrichten. Stilecht ist es allerdings mit dem Parmesan.

1.2. Gemüse einlegen

Als Klein- und Hobbygärtner – nachdem man Ratschläge der vorangegangen Kapiteln wie zum Hügelbeet und den Gartenfeinden beachtete - kennt man das Phänomen, dass im eigenen Garten alles zur selben Zeit reif wird und sich dann die Frage stellt: **Wohin mit all dem Gemüse?**

Nun kann man einerseits Gemüse einfrieren oder man kann es nach altem Oma-Brauch einlegen. Ersteres führt bei längerem Stromausfall, der zwar in zivilisierten Gegenden nicht so häufig auftritt, entschieden zu Nachteilen, etwa dergestalt, dass man auf einem Berg aufgetauten Inhalts sitzt. Letzteres hingegen hat den Vorteil nicht nur der Unabhängigkeit von solchen Küchen-Katastrophen, sondern zudem den Pluspunkt, dass durch Einmachrezepte das Gemüse schon durchwürzt und fertig servierfähig ist.

Zucchini einlegen

* 1 kg Zucchini
* 2 Zwiebeln oder entsprechende Menge Schalotten
* 4 Knoblauchzehen
* 1/2 Liter Weinessig
* ein halber Liter Wasser
* Gewürze:
* 2 Zweige Rosmarin oder Thymian
* 1 kleiner Löffel Pfefferkörner
* 1 Esslöffel Salz
* 150 Gramm Zucker
* etwas frisches Grün oben von einer Fenchelknolle
* bisschen Ingwer dazu geben

Zucchini in dünne Scheiben schneiden und in ein Glas geben. Zwiebel in Streifen schneiden, Knoblauch und die Kräuterzweige mit hineingeben. Den Weinessig mit Wasser, Salz und Zucker aufkochen, bis sich Salz und Zucker auflösen. Den Sud danach über den Inhalt im Glas gießen. Gut verschließen. Nach 24 Stunden das Glas öffnen und den Essig-Wasser-Sud erneut aufkochen. Danach wieder über den Inhalt gießen und das Glas gut verschließen. sechs Wochen in kühler Umgebung durchziehen lassen.

Noch **ein Wort zu Rosmarin und Thymian:**
Der Promi-, Fernseh- und Sternekoch Alfons
Schuhbeck bemerkte einmal, dass sich die beiden
Kräuter ausschließen, nicht „mögen". Das stellte er fest
anhand einer Soße, in die er beide hineingab und
beobachtete, dass Thymian und Rosmarin sofort
auseinander drifteten. Also heißt es besser:
Rosmarin *oder* Thymian.

Überreife Gurken als Senfgurken einlegen

Es gibt eine Familienanekdote, die gern lachend
weiter erzählt wird. Als meine Mutter einmal zur Ge-
müseerntezeit im Krankenhaus lag, schärfte sie mir
ein, doch immer rechtzeitig die Salatgurken zu ernten.
Ich hatte aber als Teenager nichts mit Gartenarbeit am
Hut, lag lieber mit einem Buch in der Ecke, wollte die
mütterliche Aufgabe aber eifrig beachten. Jeden Tag
ging ich also in den Garten, sah die Gurken mit einem
kleinen Eck gelb, sonst grün und dachte bei mir: *„Da
fehlt nur noch wenig, dann ist die ganze Gurke grün
und reif."* Als ich am nächsten Tag wieder nachsah,
wunderte ich mich, dass die Gurken anstelle grüner
noch gelber geworden waren. Und Mütterlein im Krankenhaus lachte Tränen über so viel Unwissenheit und
sagte: *„Jetzt können wir sie nur noch als Senfgurken
einlegen!"* Und das geht so:

* 2 Kilogramm gelb gewordene Salatgurken
* 1 Zwiebel, in Streifen schneiden
* Dreiviertel Liter Weinessig
* 80 Gramm Salz
* 100 Gramm Zucker
* 1 Esslöffel bunte Pfefferkörner
* 1 Stückchen Meerrettich, geschält und in Scheiben geschnitten
* 100 Gramm Senfkörner
* 3-4 Lorbeerblätter
* 1 Zweig Rosmarin

Die Gurken erst schälen, die Kerne in der Mitte entfernen und dann in fingerdicke längliche Stücke schneiden. Nun in eine Schüssel geben, mit Salz bestreuen und über Nacht ziehen lassen. Am nächsten Tag das überstehende Wasser abgießen. Anschießend Essig und Zucker erhitzen, bis sich der Zucker auflöst, diesen Sud abkühlen lassen. Gurkenstücke mit den Gewürzen in ein großes Glas oder einen Steinguttopf geben, den Essigsud darüber gießen. Am übernächsten Tag den Sud abgießen, wieder aufkochen, abkühlen lassen und wieder über die Gurken gießen. Circa einen Monat stehen lassen, bevor man die Senfgurken servieren und genießen kann. Wenn man sie länger ziehen läßt, dann können sie schon sehr scharf-sauer schmecken, deshalb der Tipp, wer es milder mag: wie bei den Zucchini verfahren und nicht einen reinen Essigsud sondern einen Essig-Wasser-Sud herstellen.

Eingelegte Paprika

Eines der letzten Gemüse, das im Spätsommer und Frühherbst geerntet wird, ist die Paprika. Ob rot, grün oder gelb. Das Rezept kann man auf grüne wie rote Paprika anwenden. Die Paprikaschoten also je nach Größe vierteln oder achteln und in einer Pfanne mit Olivenöl von beiden Seiten anbraten. Bei grüner Paprika die Haut danach ablösen, weil sie bitterer schmecken können als die roten Früchte. Danach einen halben Liter Wasser und einen halben Liter Weinessig dazu schütten. Sechs Knoblauchzehen, zwei Zweige Rosmarin und drei Teelöffel Salz hinzu fügen. Nun alles zusammen aufkochen und heiß in ein Glas füllen.

Am nächsten Tag den Sud noch einmal abgießen und aufkochen und über die Paprikastücke gießen. Schön sieht es ja auch grün-rot gemischt mit den verschiedenen Paprikas aus. Bitte nicht vor zwei Wochen öffnen und kosten.

Olivenrezept nach toskanischer Art

Im November beginnt im Mittelmeerraum die Olivenernte. Sie werden überall auf gut sortierten Märkten angeboten, oft schon behandelt und verfeinert. Preisgünstiger ist natürlich selbst einlegen und das geht wie folgt:

Oliven waschen und in Ton- oder Steingutgefäße

oder, falls nicht vorhanden, in Gläser füllen. Mit Wasser bedecken und die Gefäße verschließen. Circa vier Wochen lang jeden zweiten Tag das alte Wasser weg schütten und die Gefäße neu mit (kaltem) Wasser auffüllen. Dies dient dazu, den Oliven die Bitterstoffe zu entziehen.

Danach eine Salzlauge herstellen, mit 10 Prozent Salzgehalt, das heißt 100 Gramm Salz auf einen Liter Wasser. Gewürze dazu geben wie Lorbeer, Schalotten, Knoblauch, Pfefferkörner Rosmarin und zusammen maximal acht Minuten lang aufkochen. Nach dem Abkühlen über die Oliven gießen, zudecken und etwa drei bis sechs Monate kühl lagern. Die Haut, die sich an der Oberfläche bildet und die Zeichen von guter Reife ist, einfach zur Seite schieben und entfernen.

Überbackene Zucchiniblüten sind eine Delikatesse

2. Gesund wohnen

2.1.Lehm - Renaissance eines Biobaustoffes

Lehm hat viele guten Eigenschaften, kann sehr viel Feuchtigkeit aufzunehmen und bei Bedarf wieder abgeben, hält die relative Luftfeuchte in einem Bereich von unter 60 Prozent. Schimmelbefall kennt man nicht, weil Lehm alkalisch ist, Schimmel aber saure Untergründe bevorzugt. Die Speicherfähigkeit des Lehms ist auch direkt zu nutzen als Lehmputz kombiniert mit einer Fußboden-, Wand- und Deckenheizung und -Kühlung zur nachträglichen Isolierung und Sanierung:

Renovierung einer Ruine mit Lehmputz in alten Bruchstei nen, kombiniert mit neuem Aufbau

„Immer mehr erkennen Architekten, dass sie sich nicht nur auf Wärmedämmung und Energieeinsparung konzentrieren, sondern verstärkt ihr Augenmerk auch auf baubiologische Problemstellungen richten müssen“, erklärt der Arzt Dietrich von der Ropp, Berlin

2.2. Begrünte Dächer

Sie gelten zum Glück nicht mehr als exotisch: begrünte beziehungsweise bepflanzte Dächer. Besonders auch in Städten hat man sie seit Jahren entdeckt als **zusätzliche Grünflächen**, „Schrebergärten" in der Höhe und Lebensbereiche für Bienen. Aber sie sind zugleich eine Isolierung, **sparen Energie.** Man kann sie auch gut nachrüsten nach dem ähnlichen System wie bei den Gartenteichen, vorausgesetzt die Statik erlaubt dies.

„Das Dorf ist tot, doch es lebt weiter, denn es ist eine Geisteshaltung, keine Siedlungsform.“

Aus: Benedikt Loderer: „Das Dorf in unseren Köpfen“, ersch. im Tagesanzeiger, Zürich, v. 15.02.2011

Seit 2002 baut EQUIDEAS S.L. in Neu- wie Altbauten ein eigens konzipiertes unsichtbares Heizungs- und Kühlungssystem ein, das speziell auf die mediterranen Zonen und ihr Klima abgestimmt ist. In ganz Spanien mit einem Netzwerk ausgebildeter Installateure.

Inhaber Dr.-Ing. Reinhard Hefele entwickelte auf der Basis von Kapillarrohrmatten ein energiesparendes Rundum-Wohlfühlsystem, optimale Energiequellen sowie eine hochmoderne Regelungstechnik, eine Kontroll-Software mit einem automatischen Wechsel von Heizen und Kühlen mit Regulierung der Innen-temperatur, der Raumfeuchte und der Drücke. Zugleich werden Solar- und Hilfsenergien, Heißwasserbereitung und ihre Zirkulation überprüft.

Das EQUIDEAS-Angebot: die individuelle Überwachung und Ferndiagnose über Internet, kurz: ein Kontroll- und Regulierungssystem auf dem höchsten Stand der Technik, das zur effizienteren Energieausnutzung und -einsparung führt!

Tel:+034-952893054 . www.equideas.com

Von der Autorin sind außerdem lieferbar:

Andalusien ist anders

*144 S. 8,90 Euro. Bod.de
ISBN 978-3-741-251290
E-book 3,99 €*

Eine informative und humorvolle Auseinandersetzung mit der südspanischen Welt, nicht unkritisch, aber immer mit Augenzwinkern. Mit dem Insiderwissen der Autorin eine ideale Ergänzung zu Reiseführern.

Spanien für Fortgeschrittene

*49 Min. Mit passender Latino-Musik, bearbeitet von Udo Lenze . CD ID 970b550b
7,95 Euro.*
Bestellung nur über die Autorin: info@BioRanch.com

Illusionen, Impressionen, Irritationen und Improvisationen" einer Ausgewanderten.

„Hefele kommentiert launig die Eigenheiten der Spanier und die Unterschiede zu jenen der Deutschen sowie den ganz normalen Wahnsinn des Lebens."
Passauer Neue Presse/ANA

„Frau Hefele baut mit ihren humorvollen Geschichten und Verständnis für die Mentalität eine Brücke zwischen den unterschiedlichen Kultur."
Dr. Michael Richtsteig

Mein andalusischer Gärtner

144 Seiten. 10 € . Alhulia-Verlag. ISBN 84-96083-77-2. üb. Amazon.de oder Autorin

Das sind die gesammelten Anekdoten um und über Miguel, den andalusischen Gärtner, mit dem die Autorin über Gott und die Welt diskutiert, urkomische Missverständnisse und viele Informationen über spanische Eigenheiten inbegriffen. Mit Tipps zur subtropischen Fauna und Flora. Ein Muss für Spanien-Reisende!

„Ich habe mich köstlich amüsiert!"
Konsul G. Hagl, Málaga

Raro, das europäische Wunderpferd

Die Erlebnisse eines cleveren Vierbeiners . 136 S. 7,90 € BoD.de ISBN: 978-3-739-209524 . E-Book: 3,49 €uro

Auch in diesem Buch geht es lustig und manchmal brüllend komisch zu. Hauptdarsteller ist dieses Mal das Pferd der Autorin. Aber auch Hund und Katzen kommen nicht zu kurz mit ihren Streichen.

„Eine gelungene Mischung aus tierischen Erfahrungen, Erlebnissen und Hintergrundinformationen."
Sabine Kranich in pagewizz.de

Saunageflüster

Worüber Frauen tuscheln, lachen, lästern . 80 Seiten . 5,90 €, BoD.de . E-Book 2,99

Das Buch hat drei Frauen im besten Genießeralter als Heldinnen, die sich wöchentlich in der Sauna treffen und nicht nur stumm vor sich hin schwitzen! Da wird getratscht und durchgehechelt, was das Zeug hält. Von Mode- und Fitnessfragen bis Beziehungsproblemen im Urlaub oder Kinderwunsch.

„Wunderbar. Genau das Richtige auf einem Flug."

Pressestammtisch Osnabrück

Kuriose Tage

Das Buch der originellen Gedenktage des Jahres . 100 S. 7,00 €. BoD . E-Book 3,49 €

Die Autorin nimmt sich mit ihrem bekannten Sinn für Humor und Ironie der originellsten Welt-, Aktions- und Gedenktage übers Jahr mit ihren Ursachen an.

"Ich kenne alle ihre Bücher, aber das ist das bisher beste! Ich habe es in einem Rutsch gelesen., Es ist informativ, im besten Sinne unterhaltsam und typisch Gabriele Hefele."

Roland Marx, Vehrte